2019년 가야학술제전 학술총서 02

문자로 본 가야

국립김해박물관

2019년 가야학술제전 학술총서 02

문자로 본 가야

2020년 7월 23일 초판 1쇄 인쇄
2020년 7월 30일 초판 1쇄 발행

지은이　　남재우 신가영 이현태 이동주 이형기
기획　　　오세연(국립김해박물관장)·이정근·김혁중(국립김해박물관)
북디자인　김진운
발행　　　국립김해박물관
　　　　　50911 경상남도 김해시 가야의길 190 국립김해박물관
　　　　　Tel. 055-320-6837 Fax. 055-325-9334
　　　　　http://gimhae.museum.go.kr
출판　　　(주)사회평론아카데미
　　　　　서울특별시 마포구 월드컵북로6길 56
　　　　　02-2191-1133
ISBN　　　979-11-89946-68-5 94910 / 979-11-89946-66-1 94910(세트)

2019년 가야학술제전 학술총서

02

국립김해박물관

남재우 신가영 이현태 이동주 이형기 —— 지음

문자로 본 가야

일러두기

1. 이 책은 2019년 가야학술제전에서 발표, 토론한 내용을 수정 보완한 것이다.

	학술제전 주제	일정
1	문자로 본 가야	2019. 6. 1.
2	삼한의 신앙과 의례	2019. 7. 12.
3	삼국시대 마주·마갑 연구 성과와 과제	2019. 8. 30.
4	가야사람 풍습연구 – 편두	2019. 9. 27.
5	가야 직물 연구	2019. 10. 25.

2. 책 제목의 일부는 학술제전 주제의 성격에 맞추어 일부 변경하였다.

차례

1

가야, 기록과 문자

남재우 창원대학교 사학과 교수

I. 들어가며

가야를 주체로 한 가야사연구는 이제 겨우 40년 정도이다. 이전에도 가야사연구가 없었던 것은 아니었다. 조선후기 실학자였던 정약용 등에 의해 가야의 내재적 발전 과정에 대한 연구가 시작되었지만, 그 전통은 이어지지 못했다. 근대 일본인 연구자에 의한 가야사연구는 식민사관에 바탕을 두었고, 가야사연구 그 자체가 불행이었다. 해방 이후의 가야사연구도 '임나일본부'라는 식민사관을 극복하는 것이 목적이었다. 가야사람이 만들어간 가야는 없었다.

1980년대 문헌자료의 재해석, 고고자료의 확대 등에 의해 가야 주체의 가야사연구가 시작되었다. 그 결과 가야 사회에 대하여 많은 사실을 알게 되었다. 가야는 한국 고대사회의 주변부가 아니라 고구려를 비롯한 3국과 함께 한국 고대사회의 발전에 중심적인 역할을 했음이 드러났다. 가야사의 전개 과정에 대해서도 연대기적으로 서술할 수 있게 되었다. 이제 가야사는 '신화 속의 역사'가 아니라 한국 고대사 속에서 삼국과 어깨를 나란히 했던 역사로 자리매김되었다.

이러한 연구 결과는 고고자료가 기여한 바가 크지만, 가야에 대한 기록이 근간이 되었다. 『삼국사기』와 『삼국유사』 등의 문헌은 가야사연구의 기본자료가 되었다. 가야가 존재했던 당시의 문자도 커다란 도움이 되었다. 토기와 칼, 비석에 새겨진 문자는 그 내용이 소략하고 단편적이지만, 가야 사회 전체의 변화발전에 대한 문제를 제기할 수 있는 근거가 되기도 했다. 향후에도 이러한 기록이 없이는 가야사연구를 생각할 수도 없다. 다양한 학문연구방법과의 접목을 통해 지속적으로 새롭게 읽어내야 한다. 기록과 문자, 쉼 없이 살피다 보면, 가야사의 새로운 모습과 사회 내부의 질적 변화를 읽을 수 있을 것이다.

II. 문헌기록

1. 우리 기록

가야 사회 내부의 질적 변화, 내밀한 사회구성 등을 이해하는 것은 쉽지 않다. 가야를 말하는 기록이 적기 때문이다. 하지만 산재된 기록을 통해 가야사의 내용과 흐름이 밝혀지고 있는 상황이다.

『삼국사기』에 가야 관련 기록이 많다. '가야본기'도 없고, 가야에 대한 기록이 단편적이긴 하지만 많이 남아 있다. 「신라본기」, 「제사지」·「악지」·「지리지」와 「열전」의 김유신·거도·이사부·강수·물계자전 등이다.

신라본기의 초기 기록에 가야 관계 기사가 많다. 하지만 『삼국사기』 초기 기록에 대하여 일부 수정되어야 한다는 견해가 있어 가야사 이해에 활용하는 것은 신중해야 한다. 다만 파사이사금, 지마이사금 기사에서 신라와 가야의 전쟁기사가 보이는데, 이를 통해 가야 사회의 내재적 발전 과정을 엿볼 수 있다. 특히 물계자전 등에서 나타나는 포상팔국전쟁 기사는 가야 내부 사회의 질적 변화를 읽을 수 있는 중요한 기록이다.

『삼국유사』 가락국기(駕洛國記)와 오가야조(五伽耶條)는 가야 관련 기록이 양적으로 풍부하고, 가야 사회의 내부 상황을 전하고 있어 주목받아 왔다. 다만 설화적 요소와 불교적 윤색이 많아 역사적 자료로 활용하기에 문제가 있음은 부정할 수 없다. 철저한 사료비판과 『삼국사기』 등과의 비교를 거친다면 가야사의 내용을 풍부하게 하는 역사서임에 틀림없다.

「가락국기」의 내용에는 『개황력(록)(開皇曆(錄)』이라는 책이 있다. 현전하지는 않지만 가락국의 후손들이 김씨 성 취득을 계기로 가락국 왕력을 편찬하면서 만든 것이라 추정된다(남재우 2005). 이 외에도 가락국 건국신화, 허황옥의 도래 기사, 수로왕과 탈해의 술법 싸움, 물계자전에 보이는 포상팔국전쟁 관련 기사, 오가야조(五伽耶條)의 내용 등은 가야사 이해의 기본틀을 제공하고 있다. 특히 오가야조에 등장하는 아라가야(阿羅伽耶), 고령가야(古寧伽耶), 대가야(大伽耶), 성산가야(星山伽耶), 소가야(小伽耶) 등의 국명은 가야사연구의 시작이기도 하다.

조선시대 이후에도 가야에 대한 기록은 남아 있다. 지리서나 지방지 등이다. 그 내용은 새로운 사실이 아니라 거의 대부분 고려시대의 역사서, 혹은 중국과 일본사서의 내용을 옮긴 것이지만, 가야사에 대한 관심이 지속되고 있음을 알 수 있다. 『조선왕조실록(朝鮮王朝實錄)』을 비롯하여, 왕명을 받아 편찬한 『동국사략(東國史略)』, 『삼국사절요(三國史節要)』, 『동국통감(東國通鑑)』 등이 있다. 『조선왕조실록』의 경우 수로왕릉에 대한 훼손 및 보존과 관련된 기록이 대부분이다. 조선이 가야 시조인 수로왕을 국가적인 차원에서 예우하고 있음을 확인할 수 있다.

조선시대 사서를 통해 가야사에 대한 인식변화도 엿볼 수 있다. 조선 후기 실학자들은 가야사를 한국역사 속에 포함시켰다. 영조 대에 편찬된 안정복(安鼎福)의 『동사강목(東史綱目)』에는 기자 → 마한 → 통일신라 → 고려로 이어지는 정통체계를 설정하고 변한, 가락, 대가야 등은 소국으로 처리하여 마한이나 신라에 포함시켰다.

지리서 또한 가야사 이해에 도움을 주고 있다. 지명 등을 통해 가야의 권역과 변천을 추정할 수 있고, 전승 등을 기록하고 있어 가야사의 내용을 풍부하게 만들기도 했다. 현전하는 가장 오래된 지리지, 1432년(세종 7) 간행된 『팔도지리지(八道地理志)』중의 하나인 『경상도지리지(慶尙道地理志)』는 고령현과 함창현, 김해도호부의 건치연혁 및 김해도호부의 토성(土姓) 등을 기술하였으며, 가야에 대하여 언급하였다.

조선시대에 만들어진 지리서 중에서 가야 사회를 이해하는 데 가장 널리 사용되는 문헌기록 중의 하나가 1530년(중종 25)에 편찬된 『신증동국여지승람』이다. 이 책에 실린 가야 관계 기록은 조선시대 가야 유적 현황을 보여준다. 특히 고령현조에 인용된 최치원이 찬한 「석이정전(釋利貞

傳)」과 「석순응전(釋順應傳)」의 내용은 대가야의 건국신화와 대가야·신라 사이의 결혼동맹에 관한 내용이 실려 있어 사료적 가치가 매우 높으며, 가야 사회 내부의 발전을 이해할 수 있는 기록이다. 특히 '가야연맹체설'을 주장하는 가야사 연구자들에게 대가야가 후기가야연맹체의 맹주임을 주장하는 근거가 되고 있다.

특히 정약용은 『강역고』에서 가야의 연원과 가야 사회의 발전 원인을 언급하고 있다. 「변진고(弁辰考)」에서 변한(卞韓)이란 본래 없으므로 변진(弁辰)이 옳으며, 변진은 곧 가라(迦羅)라 하였다. 「변진별고(弁辰別考)」는 가라고(迦羅考)라 하기도 한다. 가야는 해운조건을 이용하여 발전하여 진한, 즉 신라를 속국으로 삼았다는 독창적인 주장도 제기했다. 이러한 입장은 가야 사회의 내재적 발전 요인을 바탕으로 가야사를 보려는 시각이었다. 가야사연구가 일본인들의 제국주의적 역사인식에 의해 왜곡되지 않고, 정약용을 비롯한 실학자들의 학문적 전통을 이어갈 수 있었다면 가야사연구 성과는 현재와는 다른 모습이었을 가능성이 높다.

이 외에 가야를 기록한 지리서가 다양하다. 한백겸의 『동국지리지(東國地理志)』(1615), 유형원의 『동국여지지(東國輿地誌)』(1656), 『여지도서(輿地圖書)』(1765), 정약용의 『강역고(疆域考)』(1811), 김정호의 『대동지지(大東地志)』(1864) 등이다. 영남 각 지역에서 만들어진 『읍지』류도 있다. 함안의 『함주지(咸州誌)』(1587), 성주의 『성산지(星山誌)』(1677), 산청의 『산청현읍지(山淸縣邑誌)』(1744), 고성의 『고성현읍지(固城縣邑誌)』(1785), 상주의 『함창현읍지(咸昌縣邑誌)』(1786), 김해의 『김해부읍지(金海府邑誌)』, 고령의 『고령군읍지(高靈郡邑誌)』(1899) 등이다. 이들 지리서와 읍지류에서는 역사를 기록한 '건치연혁(建置沿革)'과 오래된 유적들을 조사한 '고적(古跡)' 등이 있다. 이를 통해 가야의 정치집단이 존재했던 지역과 가야의 흔적을 발견할 수 있다.

2. 중국 기록

중국의 역사서인『후한서(後漢書)』,『삼국지(三國志)』,『남제서(南齊書)』등에도 가야에 대한 기록이 전하고 있다. 특히 진수(陳壽)가 편찬한『삼국지』의 위서(魏書)에는 최초로 동이전(東夷傳)이 수록되었는데, 삼한 관련 내용을 비교적 상세하게 기록하고 있다.

『삼국지』는 3세기 이전, 즉 가야가 존재했던 시기의 기록으로서 전기가야에 해당하는 변한 제국의 사회 모습을 보여주는 당대의 기록이다. 하지만『삼국지』의 삼한에 대한 기록과『삼국사기』의 초기 기록이 너무 상이하여 한국 고대사회의 국가 형성 등을 이해하는 데 어려움이 없지 않다.『남제서』에는 가라국왕 하지(荷知)가 남제에 사신을 보내고, 남제로부터 '보국장군본국왕(輔國將軍本國王)'이라는 작호를 제수받았다는 기록이 있다. 내용은 소략하지만 가야의 대외관계를 통한 가야의 정치적 성장을 보여주는 중요한 기록이며, 가야 전체를 통틀어 중국과 직접 교류한 사실을 전하는 유일한 자료이다. 또한 중국 중심의 동북아질서에 가야가 편입되었음을 보여주는 증거이다(임기환 2003). 특히 '가라국왕'이라는 작호는 가라국에 대한 통치권을 가지는 왕이라는 사실을 국제적으로 인정받았다는 의미이기도 하다(김태식 1993).

6세기 전반대에 쓰여진『양직공도(梁職貢圖)』백제국사(百濟國使) 신도경(臣圖經)조에는 6세기 초 당시의 가야 여러 나라들의 국명이 전해지고 있어 가야사연구에 중요한 기록이다. 반파(叛波), 탁(卓), 다라(多羅), 전라(前羅), 사라(斯羅), 지미(止迷), 마련(麻連), 상기문(上己汶), 하침라(下枕羅) 등이다.

3. 일본 기록

가야는 일찍부터 일본과 교류가 활발했다. 그래서인지 일본 역사서에는 가야 관련 기사들이 비교적 풍부하게 남아 있다. 대표적인 것이 8세기 초에 편찬된 『일본서기(日本書紀)』이다. 가야와 임나 관련 사료가 풍부하지만 내용과 편년이 조작되었을 가능성이 많아 사료적 가치를 인정하기 쉽지 않다. 그러나 『백제본기(百濟本紀)』를 직·간접적으로 이용한 6세기 대의 기록인 계체기(繼體紀)·흠명기(欽明紀)는 6세기 전반 내지 중엽까지의 가야 사회의 상황을 잘 보여주고 있다.

백제의 가야지역 진출을 보여주는 기문·대사 관련 기사, 대가야와 신라의 결혼동맹, 529년 '안라고당회의(安羅高堂會議)'와 백제 성왕 주도의 '사비회의' 등의 기록은 6세기 대 가야 사회를 이해하고, 가야사의 폭을 확대할 수 있었던 중요한 증거임에 틀림없다.

『일본서기』 외에도 『고사기(古事記)』(712), 『속일본기(續日本記)』(797), 『신찬성씨록(新撰姓氏錄)』(815) 등이 있다. 하지만 가야 관련 기록은 극히 일부이며, 일본에서만 전승되는 이야기들이 대부분이어서 가야 사회를 이해하기는 어렵다. 『신찬성씨록』의 경우 가야계통의 성씨를 발견할 수 있어, 가야와 일본의 인적 교류를 엿볼 수 있다.

III. 새겨진 문자

1. 문자 사용과 그 증거

가야가 존재했던 시기, 가야가 생산한 문자자료는 드물다. 신라의 경우 당시의 문자자료들이 다양한 형태로 조사되었다. 진흥왕순수비, 중원

고구려비, 포항중성리비 등이다. 중원고구려비는 발견된 지 40년이나 되었다. 문헌기록에 보이지 않는 내용들이 있어 신라 이해에 큰 도움이 되고 있다. 발견 당시 확인하지 못한 내용도 조사방법의 발전에 따라 새로운 사실이 확인되고 있다.

가야도 문자를 사용했을 것이라는 근거는 유물에서 알 수 있다(이현태 2018). 붓이나 먹, 벼루는 문자 사용을 알려주는 문방구이다. 기원전 1세기 대의 유적으로 추정되는 다호리고분군 1호분에서 칠기 붓 5점이 출토되었다(이건무 외 1989). 이때부터 한자를 접하였으며, 실제 사용되었을 가능성을 엿볼 수 있다. 한자가 새겨진 유물이 조사되었고, 이것은 중국과의 교류가 활발했던 증거이다. 김해패총에서 출토된 화천(貨泉)은 전한 멸망 후 신(新)의 왕망에 의해 주조된 것으로서 겨우 10년 남짓 유통된 화폐였다. 사천 늑도유적에서도 반량전(半兩錢) 4점과 오수전(五銖錢) 1점이 출토되었다. 오수전은 창원 다호리유적 등지에서도 조사되었다.

김해 봉황토성 내에서 벼루가 출토되었다. 공방으로 추정되는 전형적 가야식 수혈주거지에서 조사되었다(경남고고학연구소 2005, 21-22). 주거지 내에서 출토된 토기의 경우 5세기 4/4분기~6세기 2/4분기로 편년되고 있으므로 금관가야 멸망 이전 혹은 직후로 추정된다. 따라서 벼루는 가락국에서 제작된 것일 가능성이 높다(이현태 2018, 40-41). 사천 늑도유적에서도 벼루로 추정되는 석제품이 출토되었다(이정근·이동관·최지향 2016, 141-142).

가야 시기에 가야인들이 스스로 남긴 문자자료는 거의 알려진 것이 없다. 『삼국사기』악지에 우륵이 제작하였다는 가야금 12곡의 곡명과 가사, 『삼국유사』가락국기에 보이는 同氣脫知爾叱今과 分叱水爾叱 등과 같은 가락국 고유의 인명, 그리고 『일본서기』에 보이는 가야계의 인명과 국명 표기 등을 통해 한자로 표기된 가야어의 존재를 추정할 수 있다(이영식 2016b, 689-690). 물론 한 군현과의 교섭과 후기가야에서의 남제(南

齊)에 사신을 보내는 과정에서 작성되었을 외교문서는 일정 수준 이상의 한문으로 구사되었을 가능성은 높다.

가야가 존재했던 시기의 문자자료는 너무 소략하고, 단편적인 내용이라서 가야의 상황을 이해하기에는 부족하다. 하지만 가야 당시의 기록이기 때문에 사료적 가치는 뛰어나다. 가야 사람들이 직접 생산했던 문자자료로 현재까지 확인되고 있는 것은 합천 매안리비, '대왕'명 유개장경호, 저포리E지구 4-1호분에서 출토된 '下部思利利(하부사리리)'명 단경호, '二得知(이득지)'라 새겨진 토기다(경남발전연구원 역사문화센터·부산지방국토관리청 2011).

광개토왕비문은 가야 사회의 변화를 읽을 수 있는 문자자료이지만, 가야의 것은 아니다. 창녕 교동 11호분 출토 환두대도명 역시 고구려의 것일 가능성이 높다. 동경국립박물관 소장 유명환두대도의 경우 출토지가 백제인지, 가야인지 명확하지 않다. 창녕 진흥왕척경비는 신라의 기록이다. 후대의 것이지만 「봉림사 진경대사 보월능공탑비(鳳林寺眞鏡大師寶月凌空塔碑)」는 통일신라시대 말(924년)에 만들어진 것으로 '임나왕족(任那王族)'이란 글자가 새겨져 있어 임나의 실체를 밝히는 과정에서 활용되고 있다.

2. 가야의 문자

1) 합천 매안리비

매안리비는 1989년 경남 합천군 가야면에서 발견되었다. 가야의 것인지, 신라의 것인지에 대한 논란이 있었다. 판독이 가능한 글자가 많지 않았고, 비문에 등장하는 '村', '干支' 등의 용어 때문이었다. 이러한 이유로 삼국시대의 다른 금석문과 달리 연구 성과도 적다. 하지만 매안리비는 가야비로 분류되고 있고(한국고대사회연구소 1992; 2004), 연구자들도 가

[사진 1] 합천 매안리비(국립김해박물관 사진)

야비로 인식되고 있다(이현태 2019). 그래서 가야 유일의 비문이라 할 수 있다.

입석에 새겨진 것으로서 명문은 연구자들의 판독에 의하면, "□亥年□月五日□□村四十干支(신(?)해년□월오일□□촌(?)사십간지)"로 읽혀진다(이현태 2018, 40).

비문에서 관심의 대상은 건립 시기와 '干支'였다. 건립 시기는 '干支'를 통하여 561년 이전으로 설정하고 있다. 신라의 경위 표기에서 6세기 전반까지는 干群 경위에 '干支'라는 어미가 붙어 있고, 561년 건립된 「창녕 진흥왕척경비」에는 '간지'가 붙지 않는 것에 근거하고 있다(주보돈 2014, 42).

561년 이전의 '□해년'은 555년(을해), 543년(계해), 531년(신해), 519년(기해), 507년(정해) 등이다. 대가야의 멸망 시기가 560년 혹은 562년이라는 이견도 있지만, 대가야가 존재했던 시기에 대가야권역인 합천지역에 세워진 비석으로 이해할 수 있다.

그래서 비문을 대가야연맹과 관련된 것으로 이해하였다(田中俊明 1992, 166-168). 대가야의 정치발전 단계를 검토하는 과정에서는 '40간지'를 '40명의 간지'로 보아 간지를 촌락의 장이나 6세기 가야 제국(諸國)의 수장으로 보았다(백승옥 2003, 278).

하지만 매안리비를 가야비로 보는 것에 신중해야 한다는 입장도 있다. 가야의 수장을 『일본서기』에서는 '干支'가 아닌 '旱岐'로 표기되어 있으며, 신라에서 하나의 지역 또는 행정단위였던 '村'이 보이고 있다는 등이 그 이유이다.

　매안리비가 위치한 곳이 대가야의 권역에 포함되었던 합천지역에 자리 잡고 있으며, 건립 시기도 가야 멸망 이전이므로 가야비일 가능성이 높은 것은 사실이다. 하지만 가야의 경우, '下部思利利'명 단경호, 우륵이 성열현(省熱縣) 사람이었다는 것으로 보아, 부와 현은 존재했을 가능성을 말하기도 하지만, '村'의 경우에는 가야의 경우 사용된 예가 없다. 비 건립 시기의 근거가 되고 있는 '干支'라는 용어의 의미에 대해서도 확인되어야 할 필요가 있다. 유일하게 남아 있는 가야비인 만큼, 그간의 연구 성과를 바탕으로 판독에서부터 검토와 연구가 이어져야 한다.

2) '大王'명 유개장경호(有蓋長頸壺)

　대왕명 유개장경호는 가야의 정치적 발전의 증거가 되고 있다. '大王'이란 명문이 새겨진 장경호가 충남대학교 박물관에 소장되어 있다. 1976년 대구에서 구입했고, 출토지는 합천 삼가지역이라 전하기도 한다. 하지만 대왕의 위상에 걸맞은 출토 예상지는 고령 지산동고분이라 추정하기도 한다(이동주 2019).

　대왕명이 토기의 뚜껑과 동체부에 각각 새겨진 것을 중국 남조로부터 유입된 문화로 이해하기도 한다. 뚜껑에는 좌서로, 동체부는 우서로 서로 다른 방식으로 기재하고 있다. 좌서는 뒤집어진 문자를 의미하는데 그 독자는 저세상의 인물이 된다. 이러한 문화의 전파는 남조에서 직접 대가야로 왔던지, 아니면 백제를 경유했을 가능성도 있

[사진 2] 대가야 '大王'명 유개장경호(국립김해박물관 사진)

다. 또한 매납된 토기는 묘주를 위한 것이므로 좌서는 저세상에서 망자의 시선으로 올바르게 읽을 수 있게 쓴 것이라 한다(이동주 2019, 70).

대가야 양식의 토기이며, 6세기 전반의 것으로 추정하고 있다(이현태 2018). 당시에 백제세력이 침투해 있었고, 실제로 백제문화의 요소가 많이 보이는 것을 근거로 그릇에 새겨진 '대왕'을 백제왕이라고 보는 견해도 있다(김재홍 1992, 262).

그릇에 새겨진 '大王'이라는 칭호는 정치적 발전 정도를 가늠해 볼수 있는 증거다. 대가야의 것이라면 대가야의 발전 정도를 추정할 수 있다. 즉 대가야가 여러 가야 제국을 통합한 국가의 맹주라는 의미이기 때문이다. 『일본서기』에 등장하는 '旱岐'보다 그 위상이 한 단계 격상된 것이라 이해할 수 있다. '대왕'명 장경호를 통하여 대가야가 연맹의 단계를 벗어나 고대국가 체제를 완성했다는 견해도 있다(김세기 2003).

'대왕'이라는 칭호가 대가야의 정치적 발전을 보여주는 증거임에 틀림없다. 대가야는 479년 중국 남제에 사신을 보내 '보국장군 본국왕(輔國將軍 本國王)'이라는 작호를 받았다. 신라와 마찬가지로 국호에 영역의 개념을 내포한 '라(羅)'를 칭하였고, 왕 아래에 관료집단이 분화되어 일정한 정치적 서열화가 이루어졌다. 이러한 사실은 대가야가 고대국가 단계에 이르렀다는 증거이기도 하다(남재우 2004).

3) '下部思利利'명 단경호(短頸壺)

합천 저포리 E지구 4호분에서 '하부사리리(下部思利利)'라는 글자가 새겨진 목 짧은 항아리가 출토되었다. 합천댐 건설로 인한 수몰 예정지역 발굴조사 과정에서였다. 항아리가 출토된 4호분은 중앙에 횡혈식 석실(4-1호분)이, 서쪽과 북쪽에 횡구식 석실(4-2, 3호분)이 하나의 봉토 안에 축조된 독특한 구조였다. 글자가 새겨진 항아리는 묘곽이 아닌 4-1호분 연도 서쪽에 있는 상단 호석(護石) 주변에서 출토되었다.

토기는 제사와 관련된 성격의 유물로 추정되며, 대가야계 단경호로서 6세기 3/4분기의 이른 시기에 제작된 것으로 이해하였다(부산대학교박물관 1987, 71). 명문에 대해서는 마지막 글자를 '利'가 아니라 '己' 혹은 '之'라 보기도 한다. 하지만 판독상 의문이 있지만, 마지막 글자를 앞의 '利'와 같은 자로 보는 견해가 많다. '下部思利利'에서 下部는 부의 명칭, 思利利는 인명으로 파악되고 있다. 마지막 글자를 '己'와 '之'라 판독하는 입장에서도 인명으로 보고 있다. 하부의 경우에는 백제의 부로, 인명은 백제사람으로 파악하기도 한다(김태식 2000, 194). 하지만 백제계 토기일 가능성은 낮다(홍보식 1998, 251).

[사진 3] '下部思利利'명 단경호(국립김해박물관 사진)

　　단경호로 인해 부체제(部體制)가 존재했는지에 대한 논의가 활성화되었다. 가야에도 백제의 영향을 받아 5부가 존재했을 가능성이 제기되었다(채상식 1987, 220-224). 지역연맹체 단계에서 부체제 단계로의 계기적 발전으로 보거나(노중국 1995), 대가야가 지역연맹체를 이끌면서 다라국(多羅國) 같은 인근 지역은 부체제로 운영했다는(백승충 2000, 332-339) 주장이 제기되었다.

　　반대 의견도 많다. 가라 멸망 이후 것이므로 대가야 전성기의 부체제를 주장하는 자료로는 부적합하다(김태식 2000)든지, 부체제의 원래 의미가 중앙의 핵심 건국세력, 혹은 지배자 공동체를 대상으로 한다는 점에서 중앙과 지방의 관계를 부체제와 연결시키는 것은 곤란하다(권오영 2001, 515-516)는 주장이 그것이다.

　　연맹과 부체제가 중심부 소국에 대한 주변부 소국의 복속관계를 의미하는 내용이라면 국가발전단계로 볼 것이 아니라 지배체제에서 다루어야 한다는 견해도 있다(김영하 2000, 74). 따라서 명문토기의 예를 바탕으로 가야 부체제를 언급하는 것은 문제가 없지 않다. 다만 명문을 통하여 가야의 정치적 발전 과정을 삼국과 비교하여 살필 수 있었다는 것에서 의미가 있다. 종래의 가야연맹체설을 극복해 보려는 의미도 없지 않다.

가야는 강대국 사이의 정치적 완충지대, 중립지대로서 교역의 활성화를 이끌어갔으며, 소사회에 기초하여 중국, 한반도에서 일본열도에 이르는 고대 동아시아 세계를 교역으로 묶어낸 열린 공간으로 이해할 수도 있다(윤선태 2013, 9). 고대국가의 기준을 삼국에 맞추는 것도 재고되어야 할 필요가 있다. 가야의 발전 과정을 삼국과 비교하여 이해할 수도 있겠지만, 동일한 시기라 하더라도 국가발전의 모델이 동일할 수는 없다. 가야의 경우 신라와 백제처럼 영역확대를 전제로 하지 않았을 가능성도 열어두어야 한다. 즉 자연지형을 활용한 소규모의 경제공동체를 바탕으로 하는 정치집단의 형성도 추정해 볼 수 있다. 즉 한국 고대국가 발전의 다양성을 가야 각국의 발전 과정을 통해서 얻을 수 있는 것이다(남재우 2019, 149).

4) 토기에 새겨진 명문들

금석문과 토기에 새겨진 명문의 대부분은 가야가 존재하던 당시이거나 가야와 관련된 세력이 만들었기 때문에 그 사료적 가치가 높다. 하지만 금석문의 경우 그 내용이 적고, 많은 부분이 마모되어 가야사 전반을 이해하기에는 무리가 있다.

'二得知(이득지)'라 새겨진 토기도 출토되었다(경남발전연구원 역사문화센터·부산지방국토관리청 2011). 산청군 생초면 하촌리유적 주거지에서 조사된 대가야식 파수부완(把手附盌)이다. 5세기 말~6세기 초의 것이며, 이득지는 사람 이름으로 추정되고 있다. 대가야의 마지막 왕인 도설지(道設知), 사비회의에 참여한 다라국의 흘건지(訖乾知) 등으로 보아 '이득지'

의 '지(知)'는 존칭어미로 사용되었을 가능성이 높다.

어떤 인물인지는 정확하지 않다. 파수부완을 만든 도공의 이름이라거나, 혹은 토기를 주문한 사람이었을 가능성을 언급하고 있다. 이득지가 어떤 인물인지 확인할 수는 없지만 1차 자료에서 확인된 가야 사람의 이름이라는 점에서 그 의미가 적지 않다.

이 외에 IB지구의 7호 주거지에서 '⋈' '⋕'가 함께 새겨진 단경호 1점도 출토되었다.

이 외에도 가야 시기에는 각종 부호가 새겨진 토기가 출토되었다. 井, ＼, ○, ∨, +, × 등의 기호가 새겨진 토기는 토기를 만든 사람이나 집단을 표시한 것으로 추정할 뿐이다.

3. 가야 관련 문자

1) 광개토왕비문(廣開土王 碑文)

광개토왕릉비는 414년(장수왕 3)에 건립되었다. 「비문」은 한국 고대사에 있어서 최고의 금석문자료이며, 고구려사뿐만 아니라 고대 한일관계사를 연구하는 데 있어서도 중요한 자료이다. 따라서 한·일 양국 역사학계에서는 비문의 판독 및 해석을 둘러싸고 끊임없는 논쟁을 계속해 왔다. 또한 현지조사의 이점을 갖고 있는 중국 학자들도 비문 연구에 가담하여 한·중·일 3국 역사학계의 관심의 표적이 되어왔다.[1]

비문에서 가야사와 관련된 기사는 신묘년(391)조와 경자년(400)조이다. '임나일본부설'의 근거가 되기도 했다. 하지만 임나일본부설, 즉 '한반도 남부에 대한 왜의 군사적 지배'라는 입장은 이제 설 자리를 잃었

....

1 고구려연구회에서 1996년 8월 9일~11일 3일간에 걸쳐 제2회 고구려국제학술대회를 열어 『廣開土好太王碑研究 100』이라는 20편의 논문이 수록된 연구논문집을 발간했다. 비문연구에 대한 현황을 잘 보여주고 있다.

다. 따라서 가야사연구에 영향을 미치면서, 여전히 다양한 이견이 존재하는 부분은 경자조인데, '임나가라 종발성(任那加羅 從拔城)', '안라인수병(安羅人戍兵)'에 대한 이해가 그것이다.

임나가라에 대해서는 그 위치 문제가 논란이 되어왔다. 김해지역(末松保和 1956, 66; 王健群 1985, 266; 高寬敏 1990, 157; 김정학 1990, 343) 아니면, 고령지역(鮎貝房之進 1937, 52-53; 이병도 1976, 304; 이영식 1993)으로 비정되어왔다. 任那加羅를 任那(창원)와 加羅(김해)의 합칭으로 보아서 김해 가락국을 중심으로 하는 가야연맹 전체를 지칭한다는 새로운 견해(김태식 1994)가 제기되기도 했다. 하지만 최근의 연구 성과를 보면 김해지역으로 비정하는 경향이 짙다.

고령이라는 근거는 고구려 군대가 내려온 길의 순서나, 임나가량(任那加良) 출신 강수(强首)의 거주지인 중원경(中原京), 즉 충주의 거리로 보아 임나가라는 북쪽이면서 충주와 가까운 고령이라는 것이다. 임나, 즉 '미마나'는 변진미오야마국(弁辰彌烏邪馬國)에서 음이 변한 것이라 하고, 이를 고령에 비정한 한진서(韓鎭書)의 『해동역사·속』의 견해에 주목하기도 하였다.

하지만 고구려군이 신라성(新羅城, 慶州)에 이르러 왜군을 추격했던 것으로 보아 왜군의 퇴각로는 해안 방면의 김해지역이었을 가능성이 높다. 김해지역을 포함하는 가야 남부지역은 일찍부터 왜와 교류가 활발했던 지역이었다. 특히 김해지역은 낙동강과 남해안이 접하는 지대로서 해로를 통한 교역이 활발했다. 따라서 왜와 김해지역과의 교류는 당연히 활발했을 것이므로 당시 김해지역과 왜가 연합하여 고구려·신라에 대항했을 가능성이 높다. 또한 「진경대사탑비명」에 '대사 심희(審希)는 신김씨로서 그 선조가 임나왕족'이라 했으므로 임나가라를 김해지역으로 볼 수 있다(남재우 2003).

임나가라를 임나(창원)와 가라(김해)의 합칭으로 보기도 한다. 창원지역이 고구려의 남하로 인하여 전쟁의 피해를 입었을 가능성은 있다. 하지만 6세기 대 창원의 탁순국(卓淳國)은 독자적인 실체로 존재하고 있으므로, 합칭으로 보기는 어려울 듯하다. 임나가라 종발성을 낙동강 하류지역의 주요 거점지역으로 이해하고, 이러한 지역을 신라에 빼앗김으로써 가락국이 쇠퇴하였다는 주장도 제기되었다(신가영 2019).

'안라인수병(安羅人戍兵)'에 대해서는 견해가 다양하다. 10년 경자조는 비문의 제2면 8행부터 제3면 3행까지에 걸쳐 있고, 없어진 부분이 많다. 안라인수병에 대한 해석은 고유명사로 보는 경우와 독립된 구로 보아 '안(安)'을 술어로 해석하는 경우로 나뉜다. 전자를 왜의 별동대(末松保和 1956, 74), 백제의 부용병(附庸兵)(천관우 1991, 27), 고구려의 원군(山尾幸久 1989, 202)으로 보기도 하고, 신라와 대립하고 있었던 안라가 임나가라·왜와 함께 고구려·신라와 전쟁을 벌였다는 입장(이영식 1993, 172)도 있다. 후자는 '나인(羅人)'을 신라인(王健群 1985, 265-268), 혹은 고구려의 순라병(巡邏兵)(김태식 1994, 89)이라 추정했다.

왜의 별동대라는 입장은 『일본서기』 신공기에 따른 임나일본부설에 근거를 두고 있다. 백제의 부용병이었다는 주장은 근초고왕 대인 4세기 후반에 백제가 가야지역에 진출하고 있었다는 '백제군사령부설'의 입장에서 안라국이 백제의 부용국이었기 때문에 백제를 위협하는 고구려에 대적하여 전쟁에 참여했다는 것이다. 하지만 백제의 가야지역 진출을 보여주는 근거는 없다. 백제의 안라지역 진출은 기문·대사진출에 이은 6세기 대의 사실로 보아야 한다(남재우 2003).

고구려 지원군으로 이해하기도 한다. 안라인수병이 고구려 군대에 동조해서 군사적 활동을 했을 것으로 추정한다(남재우 1997). 고구려 南征 이후에 가야지역에서 획기적인 발전을 보여주는 세력은 가라국(고령)과 안라국(安羅國, 함안)이다. 따라서 고구려의 남정을 고구려-신라 대 백제-왜-가야연맹 간의 전쟁으로 이해해왔던 기존의 견해에서 벗어나, 고구려-신라와 임나가라-왜의 대립을 중심축으로 하는 전쟁이라 파악하였다. 안라국은 고구려 측에 동조했다는 것이다.

안라인수병을 독립된 구로서 '安'을 술어로 해석하는 경우인데 왕건군(王健群)은 "신라인을 안치하여 수병(戌兵)케 하다"로 해석한다(王健群 1985, 267-268). 나인(羅人)을 신라인이 아닌 "고구려의 순라병 또는 유병(遊兵)"으로 보았다. 즉 안라인수병을 "(고구려가) 나인(邏人)을 두어 수비케 하였다"는 것이다(高寬敏 1990, 161). 하지만 비문에서는 고구려의 군대를 '왕사(王師)', '관군(官軍)'으로 표현하고 있다. '나인(羅人)'은 보이지 않으며, 자국의 군대를 나인이라 표기했을 가능성도 희박하다.

비문에 보이는 '임나가라', '안라인수병'은 가야사 전체의 변화를 이해하는 근거가 되었다. 광개토왕의 남정으로 김해의 가락국(금관가야)이 쇠퇴하고, 내륙지역의 가라와 안라가 가야의 중심세력이 되었고, 이로 인해 광개토왕 남정이 가야의 전기와 후기, 혹은 전기가야연맹과 후기가야연맹으로 나누는 획기가 되었다. 또한 '안라인수병'은 가야연맹체가 아니라 가야 각국사 연구의 계기가 되기도 했다. 하지만 여전히 견해 차이는 크고, 그에 따른 당시의 상황에 대한 이해도 다르다.

2) 창녕 교동11호분 출토 環頭大刀名

환두대도는 1919년 谷井濟一 등이 창녕의 교동고분군을 조사하다 제11호분에서 발견한 유물이다. 1983년 환두대도에 대한 X선 촬영이 이루어져 상감명문이 확인되었다(국립진주박물관 1984, 139). 명문은 환두대도의 칼등[刀背]에 금실[金絲]을 박아서 쓴 것으로 발견 당시에는 7자 정도 명문의 존재가 거론되었다.

판독에 대해서는 다양한 제시되었다. 田中俊明는 '乙 亥 年 ? 扞 率 ?'로 판독했다. 백제의 5관등인 한솔(扞率)이 새겨진 것으로 추정했다. 하지만 이러한 판독은 명문 자체를 거꾸로 읽었던 오류의 결과였다.

이후 비교적 사실에 가까운 판독이 이루어졌다(국립중앙박물관 1991, 94). '上(下?)部 先 人 貴 ? 乃(刀?)'이다. 이렇게 판독하기도 한다. '上(下?)部 先 人 貴 ? 刀'이다. 이를 통해 '상부선인(上部先人)'은 고구려의 인명 표기일 가능성이 높다. 선인은 고구려 제11관등명이다. 선인은 발음이 같은 선인(仙人)으로 표기되기도 한다.

명문의 '상부'는 가야 정치발전 과정에서 부체제의 존재 여부를 논쟁거리로 만들었다. 하지만 '先人'은 고구려의 관등이므로 가야에서의 부체제를 말하기는 어렵다. 고구려의 환두대도가 신라를 통해 전해졌을 가능성이 크기 때문이다. 고구려의 힘에 기대고 있던 신라가 비화가야에 진출하려는 의도에서 가야국왕을 회유하기 위해 고구려의 관등이 새겨진 고구려의 환두대도를 비화가야 왕에게 선물했을 가능성이 제기되었다(이영식 2016a, 721). 11호분이 5세기 중반경 조성되었다는 것을 근거로 이 시기부터 신라가 비화가야로 진출하려 했다는 추정도 더해졌다.

명문은 고구려의 것일 가능성이 높아 보인다. 명문을 통하여 신라의 비화가야 진출 의도를 보여주는 것이라는 해석도 있지만, 5세기 중엽은 신라가 고구려의 영향권으로부터 벗어나던 시기이기도 하다. 무엇 때문에 신라가 고구려의 관등이 새겨진 환두대도를 비화가야의 왕에게 보냈는지, 그것이 사실인지, 아니면 고구려가 직접 비화가야로 보낸 것은 아닌지에 대해서도 세밀한 검토가 필요하다.

3) 동경국립박물관 소장 유명 환두대도

동경국립박물관에는 단용문(單龍文) 환두대도 1점이 소장되어 있다. 제작 시기는 5세기 무렵으로 추정되고, 출토지에 대해서는 의견이 분분하다. 명문 내용은 '이 칼을 가진 자는 두려울 것이 없고 재산이 풍족하며 지위가 높아지고 재물이 많아진다'는 의미로 새겨진다.

환두대도의 출토지에 따라서 당시의 대외관계 등을 추정할 수 있다. 명문 판독에 참여한 東野治之는 가야지역이라 적시했다. 백제 계통으로 파악하기도 하고, 경남 창녕에서 출토된 것으로 비화가야의 것으로 추정하기도 한다. 대가야의 것이라는 견해도 제기되었다(이현태 2018, 66).

환두대도는 백제와 가야 그리고 일본 사이의 역학관계를 보여주는 증거이기도 하다. 출토지가 밝혀져야 명문이 지닌 의미를 파악할 수 있다.

Ⅳ. 나오며

가야 문자자료는 단편적인 내용이지만 사료적 가치가 낮다고 할 수 없다. '大王'이나 '下部'라는 문자로 인해 가야왕권, 가야의 국가발전 단계에 대한 논의를 촉발시켰다. 가야 문자가 가야사연구에 활용되어야 하는 이유이다. 그러기 위해서는 해결해야 할 과제가 있다.

명문에 대한 정확한 판독이 필요하다. 판독의 오류를 극복하기 위해서는 지속적인 연구를 통한 치밀한 검증도 필요하다. 토기에 새겨진 명문의 경우 공반유물에 대한 검토도 필요하다. 공반유물을 통하여 명문 이해에 한발 가깝게 다가설 수 있기 때문이다. 書寫도구에 대한 조사와 연구도 필요하다(이현태 2018, 94).

문자자료가 지닌 의미를 읽어내야 한다. 그러기 위해서는 가야사만의 내용과 시각으로 보려는 한계를 벗어나 연구 대상 시기에 인접한 한국사뿐만 아니라 중국사의 흐름이나 세계사적인 보편성을 살피는 것이 필요하다. 다른 영역에서 이룩한 성과들을 비교해 보는 것도 바람직하다. 가야사연구는 최소한 삼국사에 대한 이해가 바탕이 되어야 하며, 나아가 동북아시아의 역사와의 밀접한 관련 속에서 형성, 발전되어 왔다는 인식에서 출발해야 한다.

소략한 기록이지만 쉼 없이 새롭게 읽다보면 가야사의 폭과 깊이를 더하는 데 도움이 될 것이다. 오히려 단편적인 기록은 다양한 가설을 세울 수 있는 기회의 바다이기도 하다. 하지만 사료로 뒷받침되지 못할 경우 좌절의 늪에 빠질 수 있다. 부족한 문자와 기록이지만 역사발전의 흐

름 속에서 정치·경제·사회·문화 등 다양한 분야에서의 포괄적 접근이
필요하다.

참고문헌

경남고고학연구소, 2005, 『봉황토성-김해 회현동사무소~분성로간 소방도로 개설구간 발굴조사 보고서-』.

경남발전연구원 역사문화센터·부산지방국토관리청, 2011, 『산청 하촌리유적』.

국립김해박물관·한국역사연구회, 2019, 『문자로 본 가야』.

국립중앙박물관, 1991, 『특별전 가야』.

국립진주박물관, 1984, 『도록 국립진주박물관』, 통천문화사.

권오영, 2001, 「加耶諸國의 사회발전단계」, 『한국고대사 속의 가야』, 혜안.

김세기, 2003, 『고분자료로 본 대가야연구』, 학연문화사.

김영하, 2000, 「한국고대국가의 정치체제발전론」, 『한국고대사연구』 17.

김재홍, 1992, 「〈대왕〉명 유개장경호」, 『역주 한국고대금석문』 II, 가락국사적개발연구원.

김정학, 1990, 『한국상고사연구』, 범우사.

김태식, 1993, 『가야연맹사』, 일조각.

_____, 1994, 「광개토왕비문의 임나가라와 '안라인수병'」, 『한국고대사논총』 6.

_____, 2000, 「가야연맹체의 성격 재론」, 『한국고대사논총』 10.

남재우, 1997, 「〈광개토왕비문〉에서의 '안라인수병'과 안라국」, 『성대사림』 12·13.

_____, 2003, 『안라국사』, 혜안.

_____, 2004, 「가야연맹과 대가야」, 『대가야의 성장과 발전』, 고령군·한국고대사학회.

_____, 2005, 「가야의 건국신화와 제의」, 『한국고대사연구』 39, 한국고대사학회.

_____, 2018, 「가야의 기록에 대한 이해」, 『가야 문헌 사료편』, 가야자료총서 1권, 가야문화재연구소.

_____, 2019, 「문헌으로 본 가야사의 획기」, 『한국고대사연구』.

노중국, 1995, 「대가야의 정치·사회구조」, 『가야사연구』, 경상북도.

백승옥, 2003, 『가야각국사연구』, 혜안.

_____, 2014, 「가야의 언어와 문자, 제사, 음악, 습속」, 『가야문화권 실체규명을 위한 학술연구』, 가야문화권지역발전 시장·군수협의회.

백승충, 2000, 「가야의 정치구조-'부체제'논의와 관련하여」, 『한국고대사연구』 17.

부산대학교박물관, 1987, 『합천저포리E지구유적』.

신가영, 2019, 「광개토왕 비문의 가야관계 기사에 대한 재검토」, 『문자로 본 가야』, 국립김해박물관·한국역사연구회.

王健群, 1985, 『廣開土王碑研究』, 林東錫 譯, 역민사.

윤선태, 2013, 「한국 고대사학과 신출토 문자자료에 대한 비판적 성찰」, 『역사학보』 219.

이건무 외, 1989, 「의창 다호리 유적 발굴 진전 보고」, 『고고학지』 1.

이동주, 2019, 「대가야 '대왕'명 유개장경호의 문자 새로 보기」, 『문자로 본 가야』, 국립김해박물관·한국역사연구회.

이병도, 1976, 『한국고대사연구』, 박영사.

이영식, 1993, 『加耶諸國と任那日本府』, 吉川弘文館.

_____, 2016a, 「비사벌국사」, 『가야제국사연구』, 생각과종이.

_____, 2016b, 「창녕 교동 11호분 출토 환두대도명문」, 『가야제국사연구』, 생각과종이.

이정근·이동관·최지향, 2016, 『국제무역항 늑도와 하루노쓰지(도록)』.

이현태, 2018, 『가야문화권의 문자자료』, 국립김해박물관.

_____, 2019, 「〈합천 매안리비〉로 본 대가야 사회」, 『문자로 본 가야』, 국립김해박물관·한국역사연구회.

임기환, 2003, 「남북조기 한중 책봉·조공 관계의 성격」, 『한국고대사연구』 32, 서경문화사.

주보돈, 2014, 「가야사 관련 사료」, 『가야문화권 실체 규명을 위한 학술연구』, 가야문화권 지역발전 시장·군수협의회.

채상식, 1987, 「4호분 출토 토기의 명문」, 『합천저포리E지구유적』, 부산대학교박물관.

천관우, 1991, 『가야사연구』, 일조각.

한국고대사회연구소, 1992, 『역주 한국고대금석문』 제2권(신라1·가야), 가락국사적개발연구원.

_____, 2004, 『역주 가야사사료집성』 제1편, 가락국사적개발연구원.

홍보식, 1998, 「백제와 가야의 교섭-토기를 중심으로」, 『백제문화』 27.

高寬敏, 1990, 「永樂10年, 高句麗廣開土王の新羅救援戰について」, 『朝鮮史研究會論文集』 27.

末松保和, 1956, 『任那興亡史』, 吉川弘文館.

山尾幸久, 1989, 『古代の日朝關係』, 塙書房.

田中俊明, 1992, 『大加耶聯盟の興亡と〈任那〉』, 吉川弘文館.

鮎貝房之進, 1937, 「日本書紀朝鮮地名攷」, 『雜攷』 7 上卷.

2

광개토왕비문 가야 관계 기사와 400년 고구려군의 남정

신가영 연세대학교 사학과 강사

I. 머리말

가야사 연구에서 많이 활용되는 문자 자료로는 광개토왕비문(이하 '비문')을 꼽을 수 있다. 비문에 의하면, 永樂 9년(399) 백제와 왜가 和通하자 광개토왕이 평양 지역에 내려왔고, 이때 신라 사신이 도착하여 왜가 침입하였음을 알리고 구원을 요청하였다. 광개토왕은 영락 10년(400) 5만의 군사를 신라에 보내 왜를 물리쳤다. 백제·신라·왜에 비해 가야에 대한 기록은 단편적이지만, '任那加羅'와 '安羅'가 이 전쟁에 참여한 것으로 파악하고, 이를 적극 활용하여 가야의 역사상을 복원하고 있다. 가야가 어떤 이유로 전쟁에 참여하게 되었고, 400년 고구려군의 南征 이후 가야 사회가 어떻게 변화하였는지에 대해서 논의되었는데, 대체로 고구려가 가야 사회에 막대한 영향을 미쳤을 것으로 파악된다.

그런데 비문에서는 백제·신라·왜에 비해 가야는 비중 있게 기록되지 않았다. 왜와의 전쟁 명분이 신묘년 기사, 영락 9년·10년조, 영락 14년조에서 거듭 기술된 반면, 가야는 그러하지 않았다. 고구려군이 가야 지역에까지 군사 활동을 전개한 것은 분명한데, 가야와의 전쟁 명분은 비문에 기술되지 않은 것이다. 고구려가 가야에 대해서 별다른 언급을 하지 않았던 내막을 들여다보면서 전쟁 과정과 전쟁으로 파생된 결과, 즉 임나가라 從拔城의 '歸服'과 '安羅人戍兵' 문제를 짚어볼 필요가 있다.

우선 비문에서 고구려가 가야를 어떻게 인식하고 서술했는지를 살펴보고자 한다. 고구려가 '屬民'이라고 설정한 신라와 속민 밖에 있던 왜와의 전쟁 속에서 가야가 엮이게 되었다는 점, 그리고 전쟁이 왜의 신라 침공에서 시작된 만큼 400년 전후로 수차례 왜가 신라를 공격했던 '경향성'을 주목하여 전쟁의 전개 양상을 분석하고자 한다. 또한 고구려가 전쟁을 통해 어떤 이익을 얻고자 했고, 이 전쟁으로 인해 임나가라를 비롯한 가야 諸國은 어떤 영향을 받게 되었는지에 대해 검토해 보겠다.

비문의 내용이 고구려의 입장에서 일방적으로 기술된 만큼 역사적 사실을 그대로 반영하고 있는지 파악하기 위해서는 면밀한 분석이 필요하다.[1] 따라서 고구려, 신라, 가야 제국, 왜로 이어지는 다자간의 이해를 입체적으로 검토하여 비문에 가야가 어떻게 기술되었는지를 살펴보고, 400년 고구려군의 남정이 가야 세력들에게 어떤 의미가 있었는지를 되짚어 보고자 한다.

II. 광개토왕비문의 가야 관계 기사 검토

1. '任那加羅'와 '安羅人戌兵' 구절의 해석

일제강점기 일본학계에서는 '왜의 임나 지배'라는 선입견이 있었기에 비문을 '임나일본부'설을 입증하는 자료로 활용하였다. 비문에 보이는 왜에 주목하였고, 신묘년 기사와 영락 10년조의 '안라인수병' 관계 기사는 '임나일본부'설을 뒷받침하는 근거로 간주하였다. 그렇기에 한국학계에서는 신묘년 기사를 중심으로 倭가 어떻게 비문에 등장하게 되었는지에 대해서 초점을 두어 분석하였고,[2] 가야사 연구가 진전되면서 400년 고구려군의 남정이 가야 사회에 어떤 영향을 주었는지를 중심으로 연구되고 있다.

400년 고구려군의 남정을 바라보는 관점은 크게 세 가지로 파악된다. 먼저 왜가 주도적인 역할을 하지 않았다고 이해하는 관점이다. 비문에서는 고구려가 왜를 주요 적대세력으로 인식하고 두 차례(400년, 404

....

1   이에 대한 문제 제기는 강종훈(2012) 참조.
2   이에 대한 연구사 정리는 徐榮洙(1995); 延敏洙(1995); 백승옥(2005); 김영하(2012) 참조.

[그림 1] 광개토왕비 1면(1913년 촬영, 국립중앙박물관 제공)

년) 왜와 전투한 것으로 나타나지만, 왜의 역할은 그리 크지 않았다고 이해된다. 영락 9년과 10년조의 기사에 보이는 왜의 신라 공격은 가야와 백제와의 관계 속에서 검토되고 있다. 비문에서 백제와 가야의 동향이 구체적으로 드러나지는 않지만, 배후세력으로서 백제가 있었고 가야와 왜의 연합군이 신라를 공격한 것으로 보기도 한다.[3]

따라서 영락 10년조의 '安羅人戍兵'의 실체 역시 달리 파악되었다. 가야 지역을 비롯한 한반도 남부는 왜가 지배한 적이 없었기에 왜가 아닌 백제에 주목하였고, 자연스럽게 '안라인수병'은 백제의 부용병으로 추정되었다[千寬宇 1977(1991, 27); 金廷鶴 1983, 5]. 이후 가야의 역할에 조금 더 주목하여 분석되면서 안라의 독자적인 군사 활동으로 파악하는 견해가 나왔다[李永植 1985; 1993, 171-172; 白承忠 1995, 102; 南在祐 1997(2003, 153-154); 백승충 2002, 46-47; 2004, 586; 유우창 2005, 188; 이영식 2006(2016, 883-884); 南在祐 2014, 47].

그리고 400년 고구려군의 남정은 '고구려-신라' 연합과 '백제-가야-왜' 연합의 대립구도[千寬宇 1977(1991, 27); 盧重國 1981, 57-65]로 파악하는 관점이 일반적이다. 비문에 기록된 가야 세력이 신라와 대립하였

....

3   왜의 군사 규모는 巡邏兵 정도의 소규모 군대로 추정하여, 당시 가야 세력이 신라보다 우세했다고 파악되기도 한다[金泰植 1994; 2002(2014, 25-26)].

고, 고구려군에도 대항했던 것으로 파악하는 견해에 크게 의문을 가지지 않았다. 그렇기 때문에 임나가라와 안라의 구체적인 활동은 알 수 없지만, 비문에 등장하는 것을 주목하여 전쟁에서 고구려와 대적했다는 사실을 높게 평가한다.

당시 한반도에서 가장 강력했던 고구려군과의 전쟁에서 가야 세력이 패배하게 된 것은 당연하다고 여겨졌다. 비문의 내용이 결락되어 구체적으로 알 수는 없지만, 가야와 왜 연합군은 신라를 공격하였는데 신라의 구원 요청으로 파견된 고구려의 5만군과 대적할 수 없었다. 오히려 낙동강 하류 지역이 주요 전쟁터가 되면서 김해 지역의 가야 세력이 큰 타격을 입었던 것으로 추정된다.[4] 400년 이후에는 전쟁의 피해를 직접 입지 않았던 고령·함안 지역이 각각 가야 세력의 구심 역할을 하였던 것으로 파악된다. 김해 지역 대성동고분군의 대형분 축조가 중단된 현상(申敬澈 1991, 241; 慶星大學校博物館 2000; 申敬澈 2010)과 경상도 지역에서 출토되는 고구려와 관련된 고고자료를 근거로 고구려군과의 전쟁이 가야 사회 전반에 큰 영향을 주었다고 이해한다(金泰植 1993; 慶星大學校博物館 2000; 조영제 2000; 2006; 신경철 2010). 이처럼 비문을 근거로 400년 고구려군의 남정은 가야 사회가 변동한 주요 사건으로 파악되며, 가야의 역사는 400년을 기점으로 '전기 가야'와 '후기 가야'로 구분하는 것이 일반적이다.

그런데 연구자들의 많은 관심만큼이나 전쟁 속의 가야 세력은 다양한 모습으로 그려지고 있다. 영남 지역이 변화하게 된 주요 사건으로 400년 고구려군의 남정을 파악하는 관점은 큰 차이가 없지만, 가야의 제 세력이 400년 고구려군의 남정과 어떤 관련이 있었는지는 연구자마다 다양한 견해가 제시되고 있다.

먼저 임나가라는 김해 지역[末松保和 1956, 66-67; 三品彰英 1962, 7-8;

....

4   가야의 발전이 뒤처졌던 배경으로 파악되기도 한다(김태식 2002, 151-153).

金廷鶴 1977, 19-20; 山尾幸久 1989, 78; 高寬敏 1990, 157; 田中俊明 1992, 32; 金泰植 1994, 62-86; 延敏洙 1995, 242-243; 남재우 2003, 145-147; 白承玉 2003, 48-49; 이도학 1996(2006); 박천수 2018, 28-29]과 고령 지역[鮎貝房之 進 1937, 52-53; 李丙燾 1937(1976, 304-305); 千寬宇 1977(1991, 27); 金鉉球 1993, 98 주140; 李永植 1993, 171; 白承忠 2004, 585; 李永植 2004(2016, 481-483); 유우창 2010, 138-145; 권주현 2011, 62-63]으로 보는 두 견해로 대립하고 있는데, 지명 비정뿐만 아니라 당시의 김해 지역과 고령 지역 가야 세력의 동향을 이해하는 것에도 차이가 있다. 김해 지역을 중심으로 한 '가야연맹체'가 있었고 신라보다 우세하였다고 추정한다(金泰植 1994, 99; 2002, 89). 이와 달리 김해 지역의 세력이 이미 쇠퇴해 있었고[白承忠 1990, 18-21; 이영식 2000(2016, 420)], 신라와 대립하기보다는 우호 관계에 있었던 것으로 추정하기도 한다[李永植 1994(2016, 776-777)]. 임나가라의 위치는 다르게 파악하지만, 400년 고구려군의 남정 이후 김해 지역의 가야 세력은 쇠퇴하고 고령 지역의 가야 세력은 발전한다고 파악하는 것은 동일하다.

'안라인수병'의 해석 역시 논란이 되고 있다. '안라인수병' 관련 기사는 조금씩 다른 판독과 더불어 상이한 해석으로 인하여 연구자마다 서로 다른 이해가 나왔다. '안라인수병'을 하나의 명사로 파악하는 것이 일반적이었지만, '安'을 동사로 이해하여 "신라인을 배치하여 戍兵하게 하였다"는 해석(王健群 1985, 266-268)이 나온 이후 '안라인수병'의 해석과 관련하여 다양한 논의가 전개되고 있다. '羅人'을 고구려인(高寬敏 1990, 161-162; 金泰植 1994, 89; 白承玉 2003, 49-52)으로 보거나 신라인(朱甫暾 2006, 43-44; 徐榮洙 2007, 45; 권주현 2011, 61; 신가영 2017, 9-15)이나 임나가라인[이도학 2003(2006, 450-451)]의 약칭으로 해석한다. 하지만 여전히 '안라인의 戍兵'이란 해석에 따라 함안 지역의 가야 세력인 안라가 400년 고구려군의 남정에 참여하였다고 파악하는 견해가 많다[李永植 1985; 延敏洙 1987; 山尾幸久 1989; 金鉉球 1993; 李永植 1993, 171-172; 白承忠

1995, 102; 南在祐 1997(2003, 153-154); 이용현 2001, 354; 백승충 2004, 586; 유우창 2005, 188; 이영식 2006(2016); 연민수 2013, 241; 이용현 2013, 280-281].

그런데 전쟁에서 안라가 어떤 역할을 하였는지에 대해서는 서로 견해가 엇갈린다. 대체로 안라가 고구려·신라 연합군에 대적했던 것으로 추정하지만, 이와 달리 고구려의 援軍·동맹군으로 참여하여 왜의 군대를 격퇴한 것으로 보기도 한다[山尾幸久 1989, 202; 南在祐 1997(2003, 153-154); 유우창 2005, 188]. 하지만 두 견해 모두 전쟁을 계기로 안라가 발전하게 되었던 것으로 이해한다.

400년 고구려군의 남정과 관련하여 가야 제국이 어떠했는지는 연구자마다 조금씩 다른 견해가 제시되는데, 전쟁으로 인한 결과는 거의 동일하게 파악되고 있다. 전쟁의 자세한 경위는 알 수 없지만, 가야 세력이 고구려군에 패배하였고, 이후 고구려에 의해 변화하게 된다고 이해하는 경향은 확고히 자리를 잡은 듯 보인다.

하지만 400년 고구려군의 남정에 대해 과도하게 의미가 부여된 측면이 있다는 지적이 있듯이[5] 한 번의 전쟁으로 5세기 이후 가야 사회가 크게 변화했다고 이해하는 관점에서는 벗어날 필요가 있다고 생각된다. 전쟁에서 패배한 이후 어떻게 고구려가 가야 지역에 영향을 미칠 수 있었는지 면밀히 검토되지 않은 채 고구려의 영향력이 지나치게 강조된 것은 아닐까.[6] 전쟁이 어떻게 진행되었는지도 명확하지 않고, 가야 제국 간의 관계도 불확실한데, 어떻게 전쟁의 피해를 입지 않았던 가야 제국 모두에게 변화가 나타나게 되었는지 의문을 가질 수밖에 없다.

400년 고구려군의 남정과 관련된 기록은 비문 외에는 없다. 그래서 고구려와 백제의 대립구도 속에서 신라를 비롯한 가야 제국, 그리고 왜

....

5   朱甫暾(2006; 2017) 참조.
6   4세기 후반 이후 고구려와 가야 세력 사이에는 '신라'가 있었다고 파악한 견해가 주목된다[李永植 2006(2016, 885-886)].

도 참여하면서 전쟁이 진행되었던 것으로 분석된다. 당시 가야 세력은 백제·왜와 우호적인 관계에 있었기에 자연히 신라 및 고구려와 대립하였을 것으로 추정되고 있다. 그런데 당시 가야의 제 세력들의 이해관계가 서로 달랐을 것으로 보는 견해가 있어 주목된다. 안라가 고구려군에 맞서 싸운 것이 아니라 고구려군과 함께 왜군을 공격했던 것으로 파악하는 것처럼, 가야가 단일한 대외 활동을 하지 않았을 가능성이 제시된 바 있다.

그러므로 가야의 여러 세력이 하나의 '연맹체'로 구성되어 있지 않았던 것으로 파악하는 관점에서 400년 고구려군의 남정을 다시 검토해 볼 필요가 있다. 400년 무렵 백제-가야-왜의 연합 관계로 파악하는 시각에서도 벗어나 김해 지역, 함안 지역, 고령 지역의 가야 세력이 각각 전쟁과 어떤 관련이 있었는지 살펴보아야 할 것이다. 400년 고구려군의 남정을 놓고, 전쟁 이후 왜 김해 지역의 가야 세력만 쇠퇴하게 되었는지, 그리고 그 외 지역의 가야 세력들은 어떻게 발전하게 되었는지 다양한 배경에서 접근해야 가야사를 역동적으로 파악할 수 있지 않을까 생각한다.

2. 비문의 주변 정치체 서술 방식과 가야 인식

414년에 건립된 비문을 통해 5세기 초 고구려 중심의 국제질서 인식을 엿볼 수 있다. 비문의 훈적 기사는 광개토왕의 업적을 드러내기 위해 정교하게 구성되었는데, 비문 자체 내의 서사 구조와 논리를 갖추고 있는 것이 특징이다(前澤和之 1972; 浜田耕策 1974; 王健群 1985; 武田幸男 1989). 비문에서 고구려의 군사 활동은 총 7차례 이루어졌고, 稗麗, 百殘, 新羅, 倭, 肅愼, 任那加羅,[7] 東夫餘 등이 그 대상이 된다. 이를 통해 고구려의 천하관을 비롯하여 고구려가 주변 세력을 어떻게 인식하고 있었는지에 대한 논의가 이뤄졌다(梁起錫 1983; 盧泰敦 1988; 林起煥 1996; 余昊奎 2009). 고구려가 백제, 신라, 동부여에 대해서는 '屬民'으로 여기고 있었던 점이 주목되었고, 이와 달리 왜는 고구려의 질서를 어지럽히는 존재로 인식되고 있으며, 그렇기에 복속해야 할 대상으로 여기지 않고 축출했던 것으로 기술했다고 파악된다(徐榮洙 1995, 172).

비문에서는 왜를 제외한 모든 세력들이 고구려에 속해야 하는 대상으로 여기는 인식을 엿볼 수 있는데, 가야에 대해서는 관련 내용이 없다. 기존 연구에서는 이 시기에 백제-가야-왜의 연합이 있었을 것으로 상정한다. 그런데 비문에서 왜와 화통한 백제는 '속민', 백제왕은 '노객(老客)'으로 여겨졌지만, 가야에 대해서는 고구려가 어떻게 인식하고 있었는지 비문에서 드러나지 않는다. 왜가 어떻게 비문에 강조되어 서술되었는지에 대해서는 다양한 견해가 제시되었지만, 고구려의 가야 인식에 대해서는 분석이 많이 이루어지지 않다고 생각된다.

고구려가 백제와 왜의 연합을 저지하기 위해 5만의 대군을 파견하여 가야 지역을 정복하였고, 400년 고구려군의 남정에서 왜가 아닌 가야가 주도적인 역할을 하였던 것으로 파악되는 것에서 알 수 있듯이 기존 연구에서는 가야가 400년 고구려군의 남정에 참전했던 배경, 이후 고구려로부터 어떤 영향을 받았는지에 대해서 주로 논의되었다. 하지만 가야의 역할이 비문에서는 전혀 드러나지 않는 점이 문제가 된다고 생각한다. 가야 사회에 큰 영향을 미친 400년 고구려군의 남정이 정작 비문에는 왜의 군사 활동만 강조되어 서술되어 있다는 점을 간과하기 어렵다. 따라서 고구려가 가야보다 왜를 더 강조하여 비문에 기술했던 이유가 해명될 필요가 있다.

우선 비문에서 가야가 어떻게 나타나고 있는지 살펴보자. 먼저 신묘

....

7   비문의 '安羅人戍兵'은 "(신)라인 戍兵을 두다"로 해석하기에 함안 지역의 가야 세력인 '安羅'는 비문에서 기록되지 않았던 것으로 파악하여 제외하였다. 자세한 내용은 후술하고자 한다.

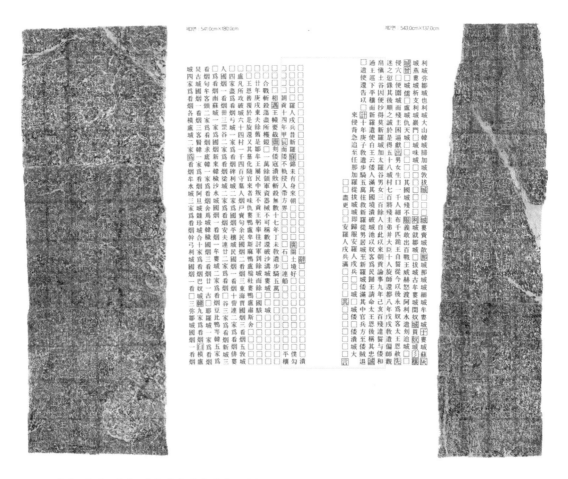

[그림 2] 광개토왕비 2면과 3면의 가야 관계 기사(복천박물관·서울대학교박물관 2012, 15-16)

년 기사에서 "百殘□□新羅"를 "百殘任那新羅"나 "百殘任那加羅"로 추정되기도 하지만, 여러 판독안을 고려하면 '임나'나 '임나가라'가 들어간다고 보기 어렵다. 영락 20년조에서 고구려가 동부여 역시 '속민'이었다고 인식하였던 것을 보면, 가야 세력은 '속민'으로 인식하지 않았기 때문에 비문에 기술하지 않았던 것일까.

영락 9년조에서는 백제와 왜의 '和通'을 강조하였는데, 가야 세력에 대한 언급은 없다. 이어서 왜가 신라를 공격했던 것을 알 수 있는데, 역시 가야에 대한 언급은 없기 때문에 당시 가야가 왜와 연합하여 신라를 공격했는지 여부는 확실하지 않다. 영락 10년조에서도 신라를 공격한 대상은 왜만 기록되었다. 그런데 고구려군이 왜를 격퇴하는 과정에서 '임나가라 종발성'과 '안라인수병'이 나타난다. 이를 근거로 왜가 가야 세력의 도움을 받았던 것으로 추정되고 있다. 임나가라와 왜가 연합하고 있었고, 임나가라의 종발성은 신라 공격의 거점이었기 때문에 왜가 임나가라 종발성으로 도망쳤던 것으로 파악된다. 그리고 '안라인수병'은 가야 세력인 '안라인의 수비병'으로 해석하여, 안라가 왜와 함께 고구려군에 대적했던 것으로 여긴다. 결락되어 판독할 수 없는 부분에서도 가야에 대한 언급이 더 있었을 가능성이 있다. 이처럼 비문에서 고구려가 가야와 전쟁을 해야 했던 이유를 밝히지 않았지만, 가야 지역에서 전투가 이루어졌으며, 400년 고구려군의 남정에서 가야 세력이 주요 역할을 차지하고 있었던 것으로 파악되는 것이 일반적인 이해이다.

그런데 영락 10년조를 면밀히 검토해 보면, 가야는 비문의 일반적 서술 방식과 달리 등장하고 있다.

十年庚子 敎遣步騎五萬 往救新羅 從男居城 至新羅城 倭滿其中 官軍 方至 倭賊退□□背急追 至任那加羅從拔城 城卽歸服 安羅人戍兵 □新羅城 □城 倭寇大潰 城□十九盡拒□□ 安羅人戍兵 滿□□□□其□□□□□□□ □言□□□□□□□□□□□□□□□□□□□辭□□□□ □□□□□□□□□潰□□□□ 安羅人戍兵 昔新羅寐錦未有身來論事 □國 罡上廣開土境好太王□□□□寐錦□□僕勾□□□□朝貢 (「광개토왕비」 영락 10년조)[8]

....

8   비문의 판독은 盧泰敦(1992)과 새로 공개된 원석탁본을 근거로 새롭게 제시된 판독안(武田幸男 2009; 동북아역사재단 2014)을 참조하여 보완하였다.

비문에 등장하는 세력들은 모두 기록될 만한 이유를 밝히고 있다. 고구려와 어떠한 관계가 있었는지, 고구려가 왜 군사 행동에 나섰는지, 그리고 전쟁의 성과와 더불어 고구려에 복속되었음이 강조되어 서술되었다. 영락 10년조에서는 신라에 침입한 왜를 격퇴하고 이러한 고구려의 군사 원조로 신라왕이 직접 조공하게 된 성과를 과시한다. 가야는 바로 이 '과정'에서 등장한다. 고구려군이 왜를 추격하는 과정에 임나가라의 종발성에 이르렀고, 종발성이 곧바로 고구려에 歸服하였다.[9] 이어서 '안라인수병' 관계 기사가 나오고, '안라인수병'으로 문장이 끝난다. 그리고 신라왕의 직접 조공이 광개토왕의 업적이었음을 강조하며 영락 10년조가 마무리된다. 판독할 수 없는 부분에서 가야의 명칭이 더 있었다고 하더라도 비문에서는 가야 세력이 기록된 이유를 밝히지 않았던 것으로 보인다.

'安羅人戌兵'은 함안 지역의 가야 세력인 '安羅'를 가리키는 것으로 해석하는 것이 일반적인 이해이지만, 고구려에 대적한 세력에게 3번씩이나 '안라인의 변경 수비병'이라고 하는 것은 어색한 표현이다. 고구려와 함께 왜를 격퇴하였더라도 비문에서 신라군에 대한 언급이 없는데, 안라의 수비병만 기록했다고 파악하는 것 역시 자연스럽지 않다고 생각된다. 또한 비문에서 백제, 왜와의 전쟁 기록과 비교해 보면, '안라인수병'에 대한 기술은 상대적으로 많은 편이다.[10] 다른 훈적 기사에서는 전쟁 과정을 자세하게 기술하지 않았는데, 영락 10년조에서만 안라와의 전투를 특별하게 더 많이 그리고 그 과정을 자세하게 남겼을 이유는 없다. 안라가 비문에 3번이나 등장할 만큼 고구려의 중요한 군사 작전의 상대로 인식되

....

9 　종발성을 "성을 공략하자마자"나(金泰植 2002, 89-90), "성을 공략함에 따라"로 해석하기도 한다(김영하 2012, 242).

10 　백제의 경우에는 "討伐殘國", "殘不服義 敢出百戰" 등 간단히 처리하고 있고, 왜의 경우에는 "倭人滿其國境 潰破城池", "侵入帶方界□□□□□石城□連船□□□"라고 하였다. 이에 비해 '安羅人戌兵'에 대한 부분은 글자수가 92자이다.

었다면 비문의 다른 훈적 기사와 같이 고구려군의 군사 활동 배경이 기술되었을 것이다. 하지만 비문에서는 안라에 대한 출정 명분이나 안라와의 전쟁 결과에 대해서는 전혀 언급되지 않았기에 '안라인수병'을 안라와 관련짓기는 어렵다.[11]

이렇게 보면, 영락 10년조에서 가야와 관련하여 분명하게 확인되는 것은 임나가라 종발성이 고구려군에 '귀복'한 사실이다. 판독할 수 없는 부분에서 가야 지역이 더 포함되었을 가능성이 있지만, 비문의 훈적 기사가 각 방면별로 통합하여 일목요연하게 기술된 점을 고려해보면(余昊奎 2009, 7) 비문에서는 종발성의 귀복 이후 곧바로 '안라인수병', 즉 신라인의 수비병을 배치시키는 조치를 취하고 있기 때문에 종발성 외의 임나가라 지역, 특히 임나가라의 중심지였던 김해 지역은 비문에 기록되지 않았을 것으로 생각된다.[12] 즉, 영락 10년조에서는 임나가라가 고구려에 복속되었다는 내용은 기술되지 않았던 것으로 추정된다.

한편, 비문에서 백제는 '百殘'으로 멸칭되었고, 왜는 '敵'이나 '寇' 등의 좋지 않은 의미의 글자가 덧붙여 표현되었다.[13] 임나가라는 비문에서 멸칭되어 표현되지 않았다. 영락 9년조에서도 백제와 왜의 화통만을 강조할 뿐 가야에 대해서는 언급하지 않았다. 즉, 가야에 대해서는 적대적 표현이 나타나지 않는다. 단편적이지만, 임나가라의 종발성이 '귀복' 했다고 표현한 것을 보면, 고구려가 임나가라 역시 복속되어야 할 세력으로 인식했음을 알 수 있다.[14] 전쟁을 겪으면서 고구려는 가야의 제 세력에

....

11 '安羅人戍兵'의 해석과 관련된 내용은 신가영(2017) 참조.
12 삼국사기』에 따르면 광개토왕 대 고구려는 백제와 5차례 전투가 있었는데, 비문에서는 대부분 영락 6년조에 통합하여 기술하였다. 이러한 비문의 서술 방식을 보면, 고구려가 복속한 임나가라 지역이 여러 군데였다면 모두 일괄하여 기술했을 것으로 추정된다.
13 비문에서 임나가라는 멸칭되거나 약칭으로 기술되지 않았던 것을 근거로 임나가라와 고구려가 우호 관계에 있었던 것으로 파악되기도 한다(유우창 2005, 190).
14 가야 세력이 고구려의 조공·논사의 대상이 아니었던 것으로 추정되기도 하지만(연민수 2013, 242), 한반도 지역에서 가야만 따로 배제되어야 할 이유는 찾기 어렵다. 고구려는 자국 중심의 국제질서 인식을 설정하는 과정에서 요동을 중심으로 전통적인 통치기구의 권위와 상징성

대한 정보를 더 많이 얻게 되었을 것이고, 비문이 작성되었던 장수왕 대에도 고구려는 신라를 통해 가야 제국에 대한 정보를 입수하였을 것이다. 그렇기에 고구려가 가야 세력들을 복속시켜야 할 대상에서 제외했다고 상정하기는 어렵다고 생각된다.

고구려가 가야를 중요 세력으로 여기지 않았거나 크게 우려하지 않았기 때문에 비문에서 가야가 제대로 기록되지 않았던 것으로 이해하는 경향이 있지만, 이는 비문에서 5만의 군사를 보낸 사실과 상충된다고 생각된다. 광개토왕의 업적을 강조하기 위해서는 5만의 군대를 파견하여 왜를 물리쳤을 뿐만 아니라 가야 역시 복속시켰던 것을 비문에 드러내는 것이 자연스러울 것이다. 그런데 비문에서는 이와 관련된 서술이 전혀 나타나지 않을 뿐만 아니라 고구려에 귀복했던 임나가라의 종발성은 전쟁의 총결산 기록에 반영되지 않았다(王健群 1985, 277; 武田幸男 1989, 32-33). 비문에서 가야를 백제, 신라, 동부여와 같이 '속민', 즉 복속 대상으로 명시하지 않았던 이유가 있지 않았을까.

이와 관련하여 비문에서 '後燕'이 등장하지 않는 점이 참고된다.[15] 광개토왕 대 고구려는 후연과 치열한 공방전을 벌였는데, 이에 대한 서술이 없다. 비문에서 후연과의 전쟁 성과, 특히 고구려가 요동 지역을 차지했던 사실을 누락시킬 이유는 없기에 영락 5년조와 영락 17년조를 후연과 관련지어 이해한다.[16] 특히 영락 5년조에서는 광개토왕이 요동지역을 '遊觀土境'했다고 표현했는데, 이러한 서술 방식은 고구려가 후연과 조

....

을 활용하였는데, 신묘년 기사 전후의 문장과 영락 8년조의 군사 활동이 갖는 역사적 명분 역시 요동 확보를 근거로 한 역사적 권위를 토대로 기술되었을 것이라는 견해를 참고해보면(안정준 2019), 신라와 마찬가지로 '韓'에 속했던 가야 지역의 관할권 역시 고구려에 속한다고 여겼을 것으로 생각된다.

15 후연과의 전쟁에서 特記할 게 없었다거나(박시형 1966, 80), 비문을 고구려의 南進 정책에 한정하여 이해하여 당시 고구려가 요동 점유에 큰 의미를 두지 않았다고 파악하기도 한다[朴性鳳 1979(2015, 95)].

16 영락 17년조는 후연보다 백제와의 전쟁 기사로 파악하는 견해가 일반적이다. 이에 대한 연구사 정리는 공석구(2012) 참조.

공·책봉 관계에 있었던 사실을 드러내지 않기 위한 하나의 의도적 서술로 파악하기도 한다(여호규 2005; 2009). 그렇다면 가야도 비문에서 언급되지 않았을 만한 다른 이유가 있었고, 비슷한 방식으로 가야에 대해 기술했을 가능성이 있었을 것으로 생각된다.

III. 400년 고구려군의 남정과 임나가라

1. 왜의 신라 공격의 패턴

비문에서 고구려는 2차례 왜를 물리쳤다. 왜는 영락 9년(399)과 영락 10년(400) 신라를 공격하였고, 영락 14년(404)에는 帶方界에 침입하였다가 고구려에 의해 격퇴된 것으로 기록되었다. 비문에서는 왜가 단독으로 군사 활동을 한 것으로 나타나지만, 399~400년에는 가야와 연합했고, 404년에는 백제와 연합했던 것으로 이해하는 것이 일반적이다.[17] 그렇기에 왜가 신라나 대방계에 침입했던 이유 역시 백제나 가야의 목적에 연관지어 파악된다.

그런데 왜가 백제나 가야에 의해서 '동원'되었다고만 이해하는 것이 타당할까. 비문 외에도 왜의 신라 침입은 『삼국사기』 신라본기에서도 보인다(표 1). 『삼국사기』에는 400년 고구려군의 남정과 관련된 기록이 없지만, 왜가 지속적으로 신라에 침입했던 것을 알 수 있다. 특히 400년에 왜가 고구려군에 의해 큰 피해를 입었음에도 불구하고 이후에도 계속해서 신라를 공격하였던 점, 그리고 이 무렵 왜가 신라에 자주 침입하기도

....

17   千寬宇(1979, 523). 한편, 영락 17년조도 왜와 관련된 기사로 파악하기도 한다(鈴木靖民 2012, 165-167; 2013, 254).

했지만 신라와 왜가 우호관계를 맺기도 하였던 점이 함께 고려되어야 한다.[18]

『삼국사기』 신라본기와 비문에 보이는 왜의 실체에 대해서는 다양한 논의가 이루어졌다.[19] 문헌에 나타나는 왜는 하나의 단일한 정치체를 가리키는 것은 아니지만, 일본 열도에 있었던 세력을 가리키고 있는 것은 분명하다.[20] 비문에서의 왜의 군사 활동에 대해서는 고구려에 의해 의도적으로 과장되어 기술되었기 때문에 비문만을 가지고 왜가 어떤 목적을 가지고 신라에 침입했는지를 밝혀내기는 쉽지 않을 것이다. 따라서 『삼국사기』의 왜 관계 기사와 비문을 함께 고려하여 왜의 신라 공격에 대한 실상을 분석해보자.

『삼국사기』 신라본기의 왜 기사를 살펴보면, 왜는 주로 여름철에 침입하였으며, 신라의 영토를 차지하기 위한 목적보다는 '약탈'하고 돌아간 사례가 많다(旗田巍 1975, 86-92). 왜가 침입한 곳은 대부분 정확한 위치를 알기 어렵다. 왜가 변경 지역('邊', '境', '海邊', '東邊', '南邊')에 침입한 사례가 많은 것은 기습적으로 침입하여 약탈하였기 때문일 것이다. 그런데 신라의 왕경에 침입한 사례도 다수 나타난다(표 1의 6, 13, 14, 15, 16, 20, 23, 24). 이때 왜가 해안 지역을 먼저 공격하고 이어서 왕경까지 침입한 사례를 참고해보면(표 1의 13, 20, 24), 아마도 배를 해안에 두고 경주 지역으로 이동했을 것이다.

그렇기에 왜의 공격은 오랜 기간 동안 지속되기 어려웠을 것이다. 해

....

18 『삼국사기』 권1, 신라본기1 탈해이사금 3년 5월; 지마이사금 12년 3월; 권2, 신라본기2 아달라이사금 5년 3월; 아달라이사금 20년 5월; 기림이사금 3년 1월; 흘해이사금 3년 3월; 권3, 신라본기3 실성이사금 1년 3월.

19 백승충(1998); 연민수(1998); 강종훈(2005) 참조.

20 畿內의 大和 조정과 무관하며 일본 열도에 있었던 백제나 가야계의 '분국'을 파악하거나(김석형 1966), 가야와 관련된 것으로 이해하여 한반도 남부 지역에 倭가 있었다고 추정되기도 한다(三品彰英 1962, 170-172). 왜가 九州 지역과 畿內 지역에 있었던 세력 중 하나만 지칭하는지 아니면 모두 포함하는지는 알 수 없으나 일본 열도에 있었던 것으로 추정하는 것이 타당할 것이다(旗田巍 1975; 강종훈 2005, 198-199).

[표 1] 『삼국사기』 신라본기의 왜 침입 기사

	시기	왜의 침입	신라의 대응
1	혁거세거서간 8년 (B.C. 50년)	犯邊	聞始祖有神德 乃還
2	남해차차웅 11년 (14년)	兵舩百餘艘 掠海邊民戶	發六部勁兵以禦之
3	탈해이사금 17년 (73년)	侵木出壘	王遣角干羽烏禦之 不克 羽烏死之
4	지마이사금 10년 夏4월 (121년)	侵東邊	
5	내해이사금 13년 夏4월 (208년)	犯境	伊伐湌利音將兵拒之
6	조분이사금 3년 夏4월 (232년)	猝至圍金城	王親出戰 賊潰走 遣輕騎追擊之 殺獲一千餘級
7	조분이사금 4년 5월 (233년)	寇東邊	
8	조분이사금 4년 秋7월 (233년)	戰沙道	伊湌于老 乘風縱火焚舟 賊赴水死盡
9	첨해이사금 3년 夏4월 (249년)	殺舒弗邯于老	
10	유례이사금 4년 夏4월 (287년)	襲一禮部 縱火燒之 虜人一千而去	
11	유례이사금 9년 夏6월 (292년)	攻陷沙道城	一吉湌大谷 領兵救完之
12	유례이사금 11년 夏 (294년)	攻長峯城	不克
13	흘해이사금 37년 (346년)	猝至風島 抄掠邊戶 進圍金城急攻	閉門不出 賊食盡將退 康世率勁騎追擊走之
14	내물이사금 9년 夏4월 (364년)	倭兵大至	造草偶人數千 衣衣持兵 列立吐含山下 伏勇士一千於斧峴東原 倭人恃衆直進 伏發擊其不意 倭人大敗走 追擊殺之幾盡
15	내물이사금 38년 夏5월 (393년)	圍金城 五日不解	閉城門 先遣勇騎二百 遮其歸路 又遣步卒一千 追於獨山 夾擊大敗之 殺獲甚衆
16	실성이사금 4년 夏4월 (405년)	攻明活城	王率騎兵 要之獨山之南 再戰破之 殺獲三百餘級
17	실성이사금 6년 春3월 (407년)	侵東邊	

18	실성이사금 6년 夏6월 (407년)	又侵南邊 奪掠一百人	
19	실성이사금 14년 8월 (415년)	戰於風島	克之
20	눌지마립간 15년 夏4월 (431년)	侵東邊 圍明活城 無功而退	
21	눌지마립간 24년 (440년)	侵南邊 掠取生口而去	
22	눌지마립간 24년 夏6월 (440년)	侵東邊	
23	눌지마립간 28년 夏4월 (444년)	圍金城十日 糧盡乃歸	率數千餘騎 追及於獨山之東 合戰爲賊所敗 將士死者過半 王蒼黃弁馬上山 賊圍之數重 忽昏霧不辨咫尺 賊謂 有陰助 收兵退歸
24	자비마립간 2년 夏4월 (459년)	兵舫百餘艘 襲東邊 進圍月城 四面矢石如雨	王城守 賊將退 出兵擊敗之 追北至海口 賊溺死者過半
25	자비마립간 5년 夏5월 (462년)	襲破活開城 虜人一千而去	
26	자비마립간 6년 春2월 (463년)	侵欲良城 不克而去	王命伐智德智 領兵伏候於路 要擊大敗之 緣邊築二城
27	자비마립간 19년 夏6월 (476년)	侵東邊	將軍德智擊敗之 殺虜二百餘人
28	자비마립간 20년 夏5월 (477년)	五道來侵 竟無功而還	
29	소지마립간 4년 5월 (482년)	侵邊	
30	소지마립간 8년 夏4월 (486년)	犯邊	
31	소지마립간 19년 夏4월 (497년)	犯邊	
32	소지마립간 22년 春3월 (500년)	攻陷長峯鎮	

안에 정박한 배의 안전과 한정된 군량 문제로 인하여 왜의 군사가 신라에 오랫동안 머무를 수 없었다. 그렇기에 신라에서는 왜의 공격에 대한 대처 방법이 있었던 것으로 보인다.

① 왜병이 갑자기 풍도(風島)에 이르러 변방의 민가를 노략질하였다.
또 진군하여 금성(金城)을 포위하고 급하게 공격하였다. 왕이 군사를 내어
상대하여 싸우고자 하였으나 이벌찬 강세(康世)가 말하였다. "적은 멀리서
왔으므로 그 날카로운 기세를 당해낼 수가 없으니, 그것을 늦추었다가 그
군사가 피로해지기를 기다리는 것만 못합니다." 왕이 그렇다고 여겨 문을
닫고 나가지 않으니 적은 식량이 다해 물러가려 하였다. 강세에게 명하여
굳센 기병을 거느리고 추격하여 그들을 쫓았다.(『삼국사기』 권2, 신라본기2
흘해이사금 37년)

② 왜인이 와서 금성(金城)을 포위하고 5일 동안 풀지 않았다. 장수
와 병사들이 모두 나가 싸우기를 청하였으나, 왕이 "지금 적들은 배를 버
리고 깊숙이 들어와 사지(死地)에 있으니 그 날카로운 기세를 당할 수 없
다."고 말하고 이내 성문을 닫았다. 적이 아무 성과 없이 물러가자 왕이
용맹한 기병 2백 명을 먼저 보내 그 돌아가는 길을 막고, 또한 보병 1천 명
을 보내 독산(獨山)까지 추격하여 합동으로 공격하니 그들을 크게 물리쳐
서 죽이거나 사로잡은 사람이 매우 많았다.(『삼국사기』 권3, 신라본기3 내물
이사금 38년)

①을 보면, 이벌찬 강세가 왜의 군사와 바로 싸우지 않고 성문을 닫
고 기다렸다가 왜의 식량이 고갈되어 물러갈 때 공격할 것을 제안하였다.
②에서도 내물왕 역시 농성하다가 왜를 추격하여 격퇴시켰음이 확인된
다. [표 1]의 6, 13, 14, 15, 16, 23, 24, 26에서도 신라군이 왜를 추격하여
격퇴하는 모습을 살펴볼 수 있다. 왜는 바다를 건너 신라를 공격하였기에
배로 운반할 수 있는 군사와 군량에 제한이 있었다. 그렇기에 신라는 왜
의 잦은 침입에 시달렸지만, 성문을 닫고 잘 버틴다면 왜를 물리치는 것
은 그리 어려운 일이 아니었던 것으로 보인다.

또한 『삼국사기』의 왜 침입 기사를 보면, 비문의 왜 기사와 같이 왜

의 단독 군사 행동으로만 기술되고 있다는 점이 주목된다. 당시 왜는 김해 지역을 중심으로 한 가야 세력과 아주 긴밀한 관계에 있었다.[21] 왜와 가야 세력은 활발한 교류를 하였던 것은 분명한데, 왜의 침입과 관련하여 가야 세력이 왜와 함께 공격했음은 확인되지 않는다.[22]

왜가 대마도를 거점으로 신라를 공격하였다는 기록을[23] 참고해보면, 왜가 가야 세력의 도움을 받아 가야 지역에 신라 공격을 위한 거점을 마련하지 않았을 것으로 생각된다. 물론 왜가 일본 열도에서 바다를 건너 한반도에 도착하는 과정에서 가야의 도움을 받았을 가능성이 있다. 그런데 비문과 『삼국사기』의 왜 관계 기사 모두 가야가 왜와 함께 신라를 공격했음을 보여주는 기록은 나타나지 않는다는 점을 염두에 둘 필요가 있다. 가야에서 식량 원조가 거의 없었던 것으로 보이기에 왜의 신라 공격에는 가야가 직접 참여하지 않았던 것으로 판단된다. 왜가 가야 세력과 우호적인 관계에 있었다고 해서 반드시 왜와 가야가 군사 협력 관계에 있었다고 단정할 수 없는 것이다.

한편, 신라가 왕경에 침입한 왜를 물리치는 과정을 보면, 왜를 추격하여 격퇴시키는 양상의 전투가 다수 나타난다. 특히 ②를 주목해 보면, 왜가 금성을 포위하였는데, 신라의 대응은 성문을 닫고 적이 물러나기를 기다렸다가 기병 2백 명을 먼저 보내 돌아가는 길을 막고 보병 1천 명을 보내 獨山까지 추격하여 합동으로 공격하였다. 이러한 전쟁 양상은 비문의 400년 고구려군의 남정과도 유사하다. 고구려군 역시 왕경에 침입한 왜를 추격하여 격퇴하고 있는 양상으로 전쟁이 진행되었음이 확인

....

21 김해 지역에서 출토되는 일본 열도의 문물을 근거로 이른 시기부터 우호 관계였을 것으로 파악된다(井上主税 2003; 2014; 홍보식 2006; 2014).

22 『삼국사기』에서 가야와 관련된 기록이 빠짐없이 전해지고 있었다고 보기 어렵다. 하지만 왜의 공격 양상을 볼 때 의도적으로 가야를 제외하여 서술되었다고 보기 어렵다.

23 "春二月 王聞倭人於對馬島置營 貯以兵革資粮 以謀襲我 我欲先其未發 揀精兵擊破兵儲 舒弗邯 未斯品曰 臣聞兵凶器 戰危事 況涉巨浸以伐人 萬一失利 則悔不可追 不若依嶮設關 來則禦之 使不得侵猾 便則出而禽之 此所謂致人而不致於人 策之上也 王從之"(『삼국사기』 권3, 신라본기3 실성이사금 7년)

[표 2] 왜의 신라 침입 기사 비교

		광개토왕비문	『삼국사기』 신라본기
전쟁 기간		수개월(399-400년)	단기간
전쟁 양상	차이점	"倭人滿其國境 潰破城池" "至新羅城 倭滿其中" 고구려에 구원 요청	왜가 변경을 침범하여 약탈한 사례가 많음 자력으로 왜를 격퇴
	공통점	국경→왕경(신라성)으로 침입 도망가는 왜를 추격하여 격퇴	왕경과 그 주변지역을 침입 (風島→金城, 東邊→明活城, 東邊→月城) 도망가는 왜를 추격하여 격퇴

된다.

비문에서의 신라의 위기 상황은 고구려가 전쟁의 정당성을 주장하기 위해 자국 중심으로 과장되게 서술한 것으로 이해된다.[24] 그렇기에 비문에 기록된 왜의 신라 공격과 대응 역시 고구려 중심으로 기술되었을 가능성이 높으며, 전쟁 시기와 양상 역시 실상과 차이가 있었을 가능성이 크다.[25]

비문에서는 399년에 왜가 신라의 변경 지역에 침입하였고, 고구려는 계책을 먼저 신라에 알려준 다음 이듬해인 400년에 군사를 파견하였다. 신라 사신이 경주와 평양 지역을 왕복했던 시간, 고구려가 군대를 준비해서 신라에 이르기까지의 기간, 고구려군이 경주 지역에서 임나가라의 종발성을 비롯한 낙동강 하류 지역까지 이르렀던 시간을 모두 감안해 보면 적어도 수개월 이상의 기간이었을 것으로 추정된다. 이렇게 오랫동안 왜가 신라를 공격할 수 있었을까. 가야 세력의 도움이 있었다고 상정하더라도 신라와 가야·왜 연합군이 수개월 동안 전쟁하기 어려웠을 것이다.

....

24 연민수(2013, 238) 참조.
25 영락 6년조에서 고구려가 396년 이전부터 진행되었던 백제와의 전쟁을 모두 일괄하여 기술하였던 것이 참고가 된다.

『삼국사기』의 왜의 공격 유형을 살펴보면, [표 1]의 6·7·8, 17·18, 21·22, 27·28과 같이 왜가 연이어 공격했던 사례가 있다. 비문의 기록도 왜가 399년에 신라의 변경 지역에 침입했고, 이듬해 다시 400년에 신라 왕경에 공격했을 가능성을 생각해 볼 수 있다. 그런데 신묘년 기사는 왜가 391년에 바다를 건너와서 백제와 신라를 공격하여 신민으로 삼았다고 해석되지만, 사실 그대로 기술한 것은 아니다. 그렇다면 399년의 왜의 공격도 그 사실성이 의심된다. 비문에서의 왜의 군사 활동은 광개토왕의 위대함을 돋보이게 하는 역할로 기술되었기에[26] 400년 고구려군의 남정에서 왜와 관련된 내용도 사실을 그대로 반영하지 않았던 것으로 짐작된다. 즉, 비문에서 신라가 399~400년에 왜로 인해 위기에 처했다는 내용도 사실이 아니었을 것으로 추정된다. 따라서 이를 감안하여 400년 고구려군의 남정 배경과 그 과정이 분석되어야 할 것이다.

2. 고구려군의 파견 목적

400년에 고구려가 대군을 파견한 목적과 전쟁 상황이 사실을 반영한 것인지에 대한 분석이 필요하다. 비문에서는 백제와 왜를 고구려의 적대 세력으로 간주하고, 왜의 군사 활동을 과장하여 서술한 것으로 파악된다. 따라서 그간의 연구에서는 영락 9년조와 10년조 역시 고구려에 의해 왜의 군사 활동이 과장된 것으로 이해하여 왜의 군사 활동은 백제나 가야로 그 주체를 바꿔 분석하고 있다.

비문에서는 고구려가 백제를 '백잔'이라 멸칭하며, 백제와의 관계를 중심으로 비문의 내용을 구성하였다. 백제로부터 공취한 성을 모두 기록했을 뿐만 아니라 수묘인 연호도 꼼꼼하게 남겼다. 이런 까닭에 고구려

<hr />

26   李成市[1994(2001, 73-77)] 참조.

와 백제의 대립 구도를 중심으로 400년 고구려군의 남정을 이해하는 경향이 강하다. 고구려가 백제를 견제하기 위해 신라와 우호 관계를 맺었던 것에서 알 수 있듯이[27] 고구려가 가야 지역의 정복을 통해 백제와 왜의 연계를 막으려고 군사를 파견하였다고 파악하는 이해는 큰 무리가 없다고 생각한다.

> (ㄱ) 百殘新羅舊是屬民 由來朝貢 (ㄴ) 而倭以辛卯年 來渡□破百殘□□新羅以爲臣民(신묘년 기사)

> (ㄷ) 九年己亥 百殘違誓 与倭和通 (ㄹ) 王巡下平穰 (ㅁ) 而新羅遣使白王云 倭人滿其國境 潰破城池 以奴客爲民 歸王請命 (ㅂ) 太王恩慈 稱其忠誠 □遣使還 告以□計(영락 9년조)

비문에서는 신묘년 기사와 영락 9년조를 통해 고구려군이 군사를 파견한 이유를 밝혔다.[28] 특히 신묘년 기사는 백제를 정벌하는 이유를 밝히고 있을 뿐만 아니라 고구려의 남방 진출의 명분까지 포함되는 것으로 이해된다(浜田耕策 1974, 5-17; 武田幸男 1989). 하지만 앞서 언급하였듯이 (ㄱ) 고구려가 옛날부터 백제와 신라를 속민으로 삼고 조공을 받았는데, (ㄴ) 신묘년에 왜가 백제와 신라를 공격해서 臣民으로 삼았다[29]는 것은

....

27   4세기 전반으로 추정되는 고구려계 유물을 통해 신라와 고구려의 교류가 이른 시기부터 이루어졌을 것으로 추정된다[李賢惠 1988(1998, 304); 李熙濬 1996, 308; 송계현 1999; 姜賢淑 2003]. 문헌기록에서도 신라와 고구려의 밀접한 관계가 확인되는데, 신라는 377년, 381년에 고구려 사신과 동행하여 前秦에 사신을 파견하였고(『資治通鑑』卷104, 晉紀26 太元 2년; 『삼국사기』권3, 신라본기3 내물이사금 26년; 『通典』卷185, 邊防1 東夷上 新羅), 392년에 이찬 대서지의 아들 實聖을 고구려에 인질로 보냈다(『삼국사기』권3, 신라본기3 내물이사금 37년; 『삼국사기』권17, 고구려본기6 고국양왕 8년).

28   이를 '전치문'(浜田耕策 1974; 武田幸男 1989), '導論'(千寬宇 1979; 김영하 2012)이라고 하여 비문의 내용은 구조적으로 분석되고 있다.

29   신묘년 기사의 해석과 관련된 논쟁은 김영하(2012) 참조.

고구려에 의한 과장된 서술로, 역사적 사실과 부합하지 않으며 고구려가 백제 정복에 나서게 된 계기가 아니었다.[30]

400년 고구려군의 남정 명분으로 내세운 영락 9년조도 신묘년 기사의 비판 관점과 동일하게 파악될 필요가 있다. (ㄷ) 9년 기해(399)에 백잔이 盟를 어기고 왜와 和通하였다고 하는데, 『일본서기』에서는 364년 이후 가야 세력이었던 탁순을 매개로 백제와 왜가 교섭하였고,[31] 『삼국사기』에서는 397년 백제가 왜국과 우호를 맺었던 것이 확인된다. 이처럼 백제와 왜가 우호 관계를 맺었던 것은 사실이지만, 비문에 기록된 연도와는 일치하지 않는다. 그리고 이어서 (ㄹ) 왕이 평양으로 행차하였다고 기록하였는데, 백제와 왜의 '화통'이 아닌 다른 이유에서 비롯된 것으로 파악하는 것이 타당할 것이다.[32] 영락 9년조도 사실대로 기술된 것이 아님을 알 수 있다.

그리고 이때 (ㅁ) 신라가 사신을 보내 왕에게 아뢰기를, "왜인이 그 국경에 가득 차 城池를 潰破하고 奴客을 民으로 삼으니 왕에게 돌아가 (歸) 命을 請합니다"고 하였다. 전쟁의 명분으로는 다른 훈적 기사보다 구체적으로 광개토왕이 군사를 파견하게 된 경위를 밝히고 있다. 그런데 왜가 신라를 민으로 삼았다는 서술 역시 사실이 아니다. 왜가 신라를 침입한 것을 과장하여 기술한 것으로 이해된다.

신라가 고구려에 구원을 요청하기 위해 사신을 파견하였다는 것은 사실이었을 것이다. 그런데 실제로 신라 사신이 고구려에 무엇을 요청했었는지는 재검토해 볼 필요가 있다. 지금까지 연구는 비문에서 왜가 주체로 기록된 것을 가야나 백제로 바꿔서 파악하기도 했다. 400년 고구려군

....

30 강종훈(2012, 327-329) 참조.
31 『일본서기』 권9, 신공 46년.
32 광개토왕 2년(393) 9개의 사찰을 평양 지역에 건립했고, 광개토왕 18년(409)에는 평양성 民戶를 國東 6성으로 이주시켰다. 고구려가 평양 지역을 적극적으로 경영하려고 했던 것을 알 수 있다(임기환 2007, 3-4).

의 남정에서 백제가 배후 세력으로 존재하며, 왜가 아닌 가야 제국이 주
도적으로 신라를 공격했던 것으로 추정하였다. 당시 가야 세력이 신라보
다 우세하였기에 신라로서는 고구려의 도움을 요청할 수밖에 없었던 것
으로 파악하는 견해도 있다(金泰植 1994, 99). 하지만 이러한 이해로는 비
문에서 가야보다 왜가 더 강조되어 서술되었는지 해명하기 어렵다. 가야
가 신라보다 우위에 있었다면 비문에서는 왜가 아닌 가야가 더 강조되어
기술하였을 것이다.[33]

한편, 영락 9년조의 마지막 부분에서 (ㅂ)"태왕이 恩慈하여 그 충
성을 稱하였다. 사신을 보내 돌아가서 계책(□計)를 고하게 하였다"고 적
시한 것은 전쟁과 가장 직접적으로 관련된 것이라고 판단된다. 비문상
의 인식으로는 신라는 고구려의 '屬民'이었다. 고구려의 충실한 속민이
었던 신라가 왜에 의해 위기에 처하게 되고, 또 그 신속 관계가 유지되지
못했던 것이다. 따라서 고구려의 입장에서는 왜를 격파하여 속민이었던
신라에게 안정을 가져다주고, 신라를 다시 고구려의 속민으로 삼는 것
은 자연스러운 활동이다. 그런데 비문에서는 전쟁의 명분으로 왜가 원
인이었을 뿐만 아니라 광개토왕의 은자함을 강조하면서 신라에게 계책
을 주고 있다는 점을 덧붙여 특기하였다. 바로 이 계책에 주목할 필요가
있다.

고구려가 대군을 파견해야 했던 목적은 바로 영락 9년조의 (ㅂ)과
영락 10년조에 3번이나 강조되어 기술된 '안라인수병'에 있었다고 생각
한다.[34] 영락 9년조에 언급된 계책은 영락 10년조의 전쟁 양상을 압축하
여 표현한 것이다. 그리고 고구려가 왜를 격퇴한 곳은 신라의 수도인 경

....

33 신라가 고구려군의 지원을 받기 위해 왜병의 존재를 과도하게 부각시켰을 가능성이 있지만,
    비문이 작성된 것은 414년이라는 점을 감안할 필요가 있다. 전쟁을 통해 고구려는 가야와 왜
    를 직접 접하게 되었고, 이후 신라와의 관계를 통해서도 가야와 왜에 대한 정보를 입수하였을
    것이다. 그렇기에 신라의 의도대로 가야 세력은 소외하고, 왜만 부각시켰다고 파악하기는 어
    렵다고 생각된다.

34 '安羅人戍兵'의 해석과 그 의미에 대한 서술은 신가영(2017) 참조.

[그림 3] 호우총 청동그릇과 명문(국립중앙박물관 제공)

주 지역, 그리고 신라와 가야의 국경 지역(임나가라의 종발성), 그리고 낙동강 하류와 그리 멀지 않았던 곳으로 추정되는데, 고구려군이 새롭게 공략한 지역을 고구려가 직접 지배하지 않고 신라에게 인도하였다는 것을 비문에서는 '안라인수병'이라고 기술하였던 것이다.

이와 같이 '안라인수병'을 파악한다면, 고구려가 대군을 파견한 목적 역시 '안라인수병'에 있었던 것으로 판단된다. 기존의 이해와 같이 당시 고구려는 백제를 견제하고 백제와 왜의 연계를 막으려고 신라와의 밀접한 관계를 맺었을 것이다.[35] 그렇지만 '안라인수병'에 조금 더 의미를 두면, 고구려의 군사 파견은 백제와 왜의 연계를 막기 위한 목적만이 아니라 신라를 도와주기 위한 목적에서 비롯된 것이 아닌가 한다. 고구려가 왜 혹은 가야에 의해 위기에 처했던 신라를 구해주고, 그에 더하여 신

....

35   그렇기에 신라는 고구려의 영향 아래 있었지만, 400년 고구려군의 남정 직후 왕족을 왜에 파견하여 우호관계를 맺으려고 했던 것은 아닌가 한다.

라의 경계와 인접한 가야 지역을 공략하여 신라에 넘겨줬던 것은 한반도 동남부 지역을 '속민'이라고 여겼던 신라를 중심으로 고구려 지배질서 하에 귀속시키려고 했던 것은 아니었을까.[36] 비문에서 '안라인수병'을 세 번이나 강조하여 기술한 것도 이러한 고구려의 의도에 따른 것으로 짐작된다.

3. 임나가라에 미친 영향

비문에서 전하고 있는 400년 고구려군의 남정은 반드시 역사적 사실을 그대로 반영한 것이 아닐 가능성이 높다. 신묘년 기사의 왜의 군사 활동처럼 399년의 왜의 신라 침입 역시 실제 있었던 일이 아니었거나 신라와 왜의 긴장 관계가 과장되어 표현된 것으로 짐작된다. 400년 고구려군의 남정은 왜의 격퇴보다는 임나가라의 종발성이 있었던 지역, 그리고 정확히 비정할 수는 없지만 '안라인수병'했던 지역에 대한 복속을 목표로 진행되었을 것으로 추정된다.

> 10년 경자에 敎하여 보병과 기병 5만을 보내어 가서 신라를 구원하게 하였다. 남거성을 거쳐 신라성에 이르니 왜가 그곳에 가득하였다. 관군이 막 도착하자 왜적이 물러났다. …… 그 뒤를 급히 추격하여 임나가라의 종발성에 이르니 성이 곧 歸服하였다. 신라인의 戍兵을 두었다. 신라성과 □성을 □하였다. 왜구가 궤멸되니, 성의 십분지구는 …… 신라인의 수병을 두었다. …… 신라인의 수병을 두었다. 옛날에는 신라 寐錦이 몸소 와서 論

....

36 고구려가 400년에 신라를 돕기 위해 5만의 대군을 파견했을 무렵 후연의 침략을 받았다. 신라에 5만의 군대를 파견한 시점이 후연의 공격을 받기 이전이었는지, 아니면 그 이후인지 판단하기는 쉽지 않다. 다만, 고구려의 적극적인 신라 지원의 배경에는 백제와의 대립 관계뿐만 아니라 후연과의 각축도 고려될 필요가 있다.

事한 적이 없었다. 國岡上廣開土境好太王에 이르러 …… 매금이 ……하여 조공하였다.(영락 10년조)

영락 10년조에서 전쟁의 주요 양상은 왜·임나가라·안라와 고구려· 신라의 전투 과정으로 이해되었지만, 비문의 서술 방식을 감안해보면 가 야 제국이 왜와 함께 신라를 공격했다고 보기 어렵다. 지금으로서는 비문 에서 가야와 관련된 것은 "임나가라의 종발성이 고구려군에게 곧바로 귀 복하였다"는 기록만이 분명히 확인된다. 영락 10년조의 많은 부분이 결 락되었기에 안라를 비롯한 다른 가야 세력이 전쟁에 참여했는지는 불확 실하다. 그렇지만 훈적 기사의 서술 방식을 고려해보면, 임나가라에 속했 던 가야 소국의 명칭[37]은 비문에 표현되었을 가능성이 있지만, 임나가라 외의 다른 가야 세력, 즉 안라나 대가야 등은 비문에 기술되지 않았을 것 으로 생각된다.

한편, 고구려군과 마주친 왜가 임나가라의 종발성으로 도망갔던 것을 근거로, 왜의 신라 공격에 임나가라도 함께 신라를 공격했던 것으 로 여겨졌으나(金泰植 1994, 97-99; 이용현 2001, 353), 비문에서 임나가라 에 대한 적대 인식은 전혀 나타나지 않는다.[38] 가야 세력이 신라를 공격 했는지의 여부는 판단하기 어렵지만, 비문에서는 백제와 왜의 화통만을 강조하고 있는 것을 감안하면 임나가라가 왜와 함께 연합군을 결성하 고 있지 않았던 것으로 생각된다. 『삼국사기』에 보이는 왜의 공격 패턴 도 고려해보면, 400년 무렵 왜가 단독으로 신라를 침입했던 것으로 보 인다.

그렇다면 임나가라의 종발성이 비문에 나타나는 것은 왜의 신라 침 입 루트와 관련되었을 가능성을 생각해볼 수 있다. 낙동강 하류의 동쪽

....

37 낙동강 하류 동쪽 지역에 있던 소국이었을 것으로 추정된다.
38 400년 고구려군의 남정을 계기로 임나가라와 고구려가 우호관계에 있었다고 추정되기도 한 다(유우창 2005).

지역으로 추정되는 임나가라 종발성 부근에 왜가 배를 두고 경주 지역으로 침입하였고, 이후 다시 고구려군에 쫓겨 임나가라 종발성 부근에서 격퇴되었던 것은 아니었을까. 이때 임나가라가 왜의 신라 침공에 조금이나마 협조하거나 혹은 묵인했을 가능성을 배제할 수 없다. 다만, 임나가라가 직접 왜와 함께 신라를 공격하지는 않았을 것으로 생각된다.

혹은 임나가라의 종발성이 고구려와 신라의 공격 대상 지역이었기 때문에 가장 먼저 언급되지 않았을까. 영락 9년조의 '計'를 신라에게 주었다는 것을 주목해보면, 당시 고구려와 신라의 군사 작전은 신라가 제시한 정보를 토대로 세웠을 것으로 짐작된다. 신라는 고구려에 왜의 침략 패턴과 더불어 낙동강 하류의 주요 거점 지역에 대한 정보를 제공했을 것이다. 어쩌면 고구려와 신라는 잦은 왜의 침입에 대비해서 먼저 군사를 준비하고 있었고, 또는 왜를 추격하는 척하면서 낙동강 하류 지역까지 기습적으로 공격했을 가능성도 고려해 볼 수 있을 것이다. 임나가라 종발성이 곧바로 고구려에 항복했던 것도 불시에 공격을 받았기에 대처할 수 없었던 것으로 생각된다.

이와 같이 본다면, 400년 고구려군의 남정으로 피해를 입은 지역은 임나가라의 종발성과 그 인근 지역에 한정된다.[39] '안라인수병'이란 표현을 고려하면, 신라의 변경수비병(戌兵)의 배치가 이루어졌던 지역은 신라와 가야의 '접경' 지역이었을 것이다. 따라서 낙동강 하류의 동쪽 지역을 중심으로 임나가라의 종발성과 임나가라에 속한 성들을 신라가 새롭게 차지했던 것으로 추정된다. 임나가라는 낙동강 하류 지역의 주요 거점을 신라에 빼앗겼기에 고령 지역, 함안 지역의 가야 세력과는 달리 발전하기 어려웠던 것은 아니었을까 한다.

이처럼 비문에서 가야가 고구려의 군사 활동의 '과정'에서만 기술되

....

39 따라서 400년 고구려군의 남정으로 인하여 김해 지역 지배 세력에 변화가 있었다고 보기 어렵다. 문헌기록을 통해서도 김유신 일가의 선조, 즉 임나가라(금관국)의 왕족들이 계속 거주하고 있었음이 확인되는 것 역시 주목될 필요가 있다.

고 있는 것은 400년 고구려군의 남정이 기존의 이해와는 달리 임나가라의 일부 지역에서만 벌어졌고, 가야 복속은 고구려군의 목적이 아니었기 때문이었다. 이러한 전쟁 양상으로 인해 비문에서 전쟁의 명분을 그대로 드러내기는 어려웠을 것으로 생각된다. 그렇기에 비문에 가야는 제대로 기록되지 못했지만 왜는 강조되어 서술되었던 것이다. 또한 고구려는 가야, 왜와의 전쟁 성과를 신라에 베풀었다는 것을 강조하기 위해서 400년 고구려군의 남정은 비문의 다른 훈적 기사와는 다르게 영락 9년조와 영락 10년조로 구성하였던 것으로 이해된다.

IV. 맺음말

고구려에게 남방 지역의 복속 대상은 '속민'이라고 범주화한 백제와 신라였다. 왜는 속민 밖에 존재하는 정치체였다. 한편, 가야는 '속민'이라고 직접 명시된 바 없고 백제나 왜처럼 멸칭되거나 적대시된 적은 없었다. 다만 비문에서 임나가라의 종발성이 '귀복'했다는 표현을 쓴 것을 볼 때, 관념적이지만 고구려가 가야를 복속 대상으로 여겼던 것으로 이해된다. 비록 복속해야 할 대상이지만, 고구려와 지리적으로 멀리 떨어져 있었고 당장의 이해관계를 따질 정도의 위치에 있었던 세력은 아니었다는 것이 사실에 가깝지 않을까 한다.

비문에서 가야가 다른 세력보다 소홀하게 기술된 것은 400년 고구려군의 남정 목적과도 관련이 있었다. 400년 고구려군의 남정은 고구려의 한반도 남부 진출과 가야 세력의 변동으로 이해되었지만, 실상은 '안라인수병'으로 상징되는 것처럼 신라가 고구려의 지원을 받아 낙동강 유역으로 진출한 과정에서 비롯되었다. 그렇기에 비문에서 가야에 대한 전쟁의 명분이 직접 기술되지 않았고, 전쟁 과정 중에 짧게 언급되었던 것이다. 비문에서 왜의 군사 활동이 강조된 반면, 가야(임나가라)는 고구려와 신라의 관계 속에서 간략하게 등장하였다. 가야는 광개토왕이 거둔 전쟁의 성과를 '속민'인 신라에게 전적으로 베풀었다는 것을 부각하기 위해 기술되었던 것이다. '안라인수병'이 거듭 세 번이나 언급되었던 것은 이런 고구려의 의도에 따른 것이라고 생각된다.

영락 10년조의 전쟁 양상은 고구려군과 신라군이 연합하여 임나가라의 종발성을 비롯한 여러 지역의 성을 점령하고 신라군에게 인계하였던 과정을 서술한 것이다. 즉, 400년 고구려군의 남정은 표면상 광개토왕의 군사적 업적이기는 했지만, 실질적인 이익은 신라에게 돌아갔던 전쟁이었다. 따라서 가야를 고구려의 속민이라고 범주화한 다음에 '안라인수병', 즉 신라에게 가야 지역을 맡겼다는 구절을 쓴다면 비문의 맥락상 충돌되었기 때문에 비문에서는 가야를 속민이라고 명시하지 않았고, 가야와 관련된 전쟁의 명분을 기술하지 않았다고 판단된다.

요컨대, 400년 고구려군의 남정에서 간과하지 말아야 할 존재는 신라라고 생각된다. 대개 고구려와 왜의 군사 활동에 연구의 초점이 맞춰져 있지만, 전쟁의 이면에 있었던 신라의 역할을 좀 더 주목할 필요가 있다. 고구려가 '계책'을 줄 수 있었던 기본 정보는 신라가 제공하였을 가능성이 높으며, 전쟁을 통해 왜군을 퇴치하고 '안라인수병'이라는 성과를 확보할 수 있었다. 따라서 400년 고구려군의 남정 이후 고구려의 영향이 과도하게 평가하는 경향에서 벗어나, 신라가 낙동강 지역으로 진출하면서 가야 제국을 압박하는 과정이 있었다고 이해하는 것이 합리적이라고 생각된다.

즉, 4세기 후반부터 이루어진 신라의 낙동강 하류 지역의 진출 과정과 이에 대한 가야 제국의 대응이라는 관점에서 400년 고구려군의 남정을 재조명할 필요가 있다. 전쟁으로 인해 가야 사회가 변동했을 가능성을 배제할 수는 없지만, 전쟁을 직접 경험하지 않았던 가야 세력에게 동일하게 고구려의 영향력이 미쳤다고 이해하는 것은 합리적이지 않다고 생각된다. '400년 고구려군의 남정으로 인한 사회 변동'이라는 시각에서 벗어난다면, 4~5세기의 가야 제국의 변화 양상을 새롭게 살펴볼 수 있을 것이며, 가야 각국이 변화하게 되었던 다양한 배경과 과정을 밝혀낼 수 있을 것이라 기대된다.

참고문헌(발행순)

李丙燾, 1937, 「三韓問題의 新考察(六)」, 『震檀學報』 7(1976, 『韓國古代史研究』, 博英社에 재수록).

鮎貝房之進, 1937, 「日本書紀朝鮮地名攷」, 『雜攷』 7(上卷).

末松保和, 1956, 『任那興亡史』, 吉川弘文館.

三品彰英, 1962, 『日本書紀朝鮮關係記事考証(上)』, 吉川弘文館.

김석형, 1966, 『초기조일관계사연구』, 사회과학원출판사.

박시형, 1966, 『광개토왕릉비』, 사회과학출판사.

前澤和之, 1972, 「廣開土王陵碑文をめぐる二·三の問題-辛卯年部分を中心として」, 『續日本紀研究』 159.

浜田耕策, 1974, 「高句麗廣開土王陵碑文の研究」, 『朝鮮史研究會論文集』 11.

旗田巍, 1975, 「『三國史記』新羅本紀にあらわれた'倭'」, 『日本文化と朝鮮』 2.

金廷鶴, 1977, 『任那と日本』, 小學館.

千寬宇, 1977, 「復元加耶史(中)」, 『文學과 知性』 29(1991, 『加耶史研究』, 一潮閣에 재수록).

朴性鳳, 1979, 「廣開土好太王期 高句麗 南進의 性格」, 『韓國史研究』 27(2015, 『고구려의 南進 발전과 史的 의의』, 景仁文化社에 재수록).

千寬宇, 1979, 「廣開土王陵碑文 再論」, 『全海宗博士 華甲紀念史學論叢』, 一潮閣.

盧重國, 1981, 「高句麗·百濟·新羅사이의 力關係變化에 대한 一考察」, 『東方學志』 28.

金廷鶴, 1983, 「加耶史의 研究」, 『史學研究』 37.

梁起錫, 1983, 「4~5C 高句麗 王者의 天下觀에 대하여」, 『湖西史學』 11.

王健群 著·林東錫 譯, 1985, 『廣開土王碑研究』, 역민사.

李永植, 1985, 「伽倻諸國의 國家形成問題」, 『白山學報』 32.

연민수, 1987, 「廣開土王碑文에 보이는 倭關係 記事의 檢討」, 『東國史學』 21.

盧泰敦, 1988, 「5세기 金石文에 보이는 高句麗人의 天下觀」, 『韓國史論』 19.

李賢惠, 1988, 「4세기 加耶社會의 交易體系의 변천」, 『韓國古代史研究』 1(1998, 『韓國 古代의 생산과 교역』, 一潮閣에 재수록).

武田幸男, 1989, 『高句麗史と東アジア』, 岩波書店.

山尾幸久, 1989, 『古代の日朝關係』, 塙書房.

高寬敏, 1990, 「永樂10年,高句麗廣開土王の新羅救援戰について」, 『朝鮮史研究會論文集』 27.

白承忠, 1990, 「3~4세기 한반도 남부지방의 제세력 동향」, 『釜山史學』 19.

申敬澈, 1991, 「金海大成洞古墳群의 발굴조사성과」, 『伽倻文化』 4.

盧泰敦, 1992, 「廣開土王陵碑」, 『譯註 韓國古代金石文』 I(고구려·백제·낙랑 편), 駕洛國史蹟開發研究院.

田中俊明, 1992, 『大加耶連盟の興亡と「任那」-加耶琴だけが殘った-』, 吉川弘文館.

金泰植, 1993, 『加耶聯盟史』, 一潮閣.

金鉉球, 1993, 『任那日本府研究 -韓半島南部經營論批判-』, 一潮閣.

李永植, 1993,『加耶諸國と任那日本府』, 吉川弘文館.

金泰植, 1994,「廣開土王陵碑文의 任那加羅와 '安羅人戍兵'」,『韓國古代史論叢』6.

李成市, 1994,「表象としての廣開土王碑文」,『思想』842(2001,『만들어진 고대 -근대 국민국가의 동아시아 이야기-』, 삼인에 재수록).

李永植, 1994,「新羅와 加耶諸國의 戰爭과 外交」,『新羅文化祭學術發表會論文集』15(2016,開題「가야와 신라」,『가야제국사 연구』, 생각과종이에 재수록).

白承忠, 1995,『加耶의 地域聯盟史 硏究』, 釜山大學校 博士學位論文.

徐榮洙, 1995,「廣開土大王碑文의 연구사적 검토」,『高句麗硏究』1.

延敏洙, 1995,「廣開土王碑文에 보이는 對外關係-高句麗의 南方經營과 國際關係-」,『韓國古代史研究』10.

李熙眞, 1995,「廣開土王碑文에 나타난 任那加羅征伐 배경과 영향」,『韓國古代史研究』10.

이도학, 1996,「廣開土王陵碑文에 보이는 戰爭 記事의 分析」,『高句麗硏究』2(2006,『고구려 광개토왕릉비문 연구-광개토왕릉비문을 통한 고구려사-』, 서경에 재수록).

李永植, 1996,「大加耶의 國際關係」,『加耶史의 새로운 이해(慶尙北道 開道 100周年 기념 가야 문화 학술대회 자료집)』, 한국고대사연구회.

李熙濬, 1996,「경주 月城路 가-13호 積石木槨墓의 연대와 의의」,『碩晤尹容鎭教授停年退任紀念論叢』.

林起煥, 1996,「광개토왕릉비문에 보이는 民의 성격」,『高句麗硏究』2.

南在祐, 1997,「「廣開土王碑文」에서의 '安羅人戍兵'과 安羅國」,『成大史林』12·13(2003,『安羅國史』, 혜안에 재수록).

백승충, 1998,「문헌에서 본 가야·삼국과 왜」,『韓國民族文化』12.

연민수, 1998,「5세기 이전의 신라의 대외관계」,『고대한일관계사』, 혜안.

송계현, 1999,「우리나라 甲冑의 變化」,『고대의 전사와 무기』(도록), 부산복천박물관.

慶星大學校博物館, 2000,『金海大成洞古墳群 I』.

白承忠, 2000,「文獻에서 본 加耶·三國과 倭」,『韓國民族文化』12.

선석열, 2000,「4세기 加耶와 新羅의 관계: 廣開土王 南征의 배경과 관련하여」,『인간과 문화 연구』5.

이영식, 2000,「문헌으로 본 가락국사」,『가야각국사의 재구성』, 혜안(2016, 開題「가락국사의 복원」,『가야제국사 연구』, 생각과종이에 재수록).

조영제, 2000,「多羅國의 成立에 대한 研究」,『가야 각국사의 재구성』, 혜안.

이용현, 2001,「가야의 대외관계」,『한국 고대사 속의 가야』, 혜안.

金泰植, 2002,「廣開土大王代 高句麗와 加耶의 關係」,『廣開土太王과 高句麗 南進政策(고구려연구회 학술총서3)』, 학연문화사(2014,『사국시대의 사국관계사 연구』, 서경문화사에 재수록).

김태식, 2002,『미완의 문명 7백년 가야사 1 - 수로왕에서 월광태자까지-』, 푸른역사.

高寬敏, 2002,「廣開土王碑를 통하여 본 高句麗와 倭」,『高句麗硏究』14.

백승충, 2002,「安羅國의 對外關係史 試考」,『古代 咸安의 社會와 文化』, 國立昌原文化財研究所·咸安郡.

姜賢淑, 2003,「考古學에서 본 4·5세기 高句麗와 伽耶의 成長」,『加耶와 廣開土大王(第9回

加耶史 國際學術會議 자료집)』, 金海市.

白承玉, 2003, 「廣開土王陵碑文의 建碑目的과 加耶關係記事의 해석」, 『韓國上古史學報』 42.

이도학, 2003, 「加羅聯盟과 高句麗」, 『加耶와 廣開土大王(第9回 加耶史 國際學術會議 자료집)』, 金海市(2006, 『고구려 광개토왕릉비문 연구-광개토왕릉비문을 통한 고구려사-』, 서경에 재수록).

이용현, 2003, 「광개토왕비문의 고구려와 가야」, 『광개토왕비의 재조명』, 동북아역사재단.

井上主稅, 2003, 「김해 및 부산지역 古墳 출토 倭系遺物에 대하여」, 『韓國考古學報』 51(2014, 『朝鮮半島の倭系遺物からみた日朝関係』, 學生社에 재수록).

白承忠, 2004, 「「廣開土王陵碑文」からみた加耶と倭」, 『國立歷史民俗博物館研究報告』 110.

李永植, 2004, 「大加耶의 國際關係」, 『大加耶의 遺蹟과 遺物』(도록), 대가야박물관(2016, 『가야제국사 연구』, 생각과종이에 재수록).

강종훈, 2005, 「≪三國史記≫에 보이는 '倭'의 성격」, 『광개토대왕비와 한일관계』, 景仁文化社.

백승옥, 2005, 「廣開土王陵碑文의 倭관계기사에 대한 연구사」, 『광개토대왕비와 한일관계』, 景仁文化社.

여호규, 2005, 「廣開土王陵碑에 나타난 對中認識과 對外政策」, 『역사와 현실』 55.

유우창, 2005, 「대외관계로 본 가라국의 발전」, 『지역과 역사』 16.

이영식, 2006, 「가야와 고구려의 교류사 연구」, 『韓國史學報』 25(2016, 改題 「가야와 고구려」, 『가야제국사 연구』, 생각과종이에 재수록).

趙榮濟, 2006, 『西部慶南 加耶諸國의 成立에 대한 考古學的 研究』, 釜山大學校 博士學位論文.

朱甫暾, 2006, 「高句麗 南進의 性格과 그 影響-廣開土王 南征의 實相과 그 意義-」, 『大邱史學』 82.

홍보식, 2006, 「한반도 남부지역 왜계 요소-기원후 3~6세기대를 중심으로」, 『韓國古代史研究』 44.

徐榮洙, 2007, 「광개토태왕비문의 高句麗와 倭」, 『동아시아 속에서의 高句麗와 倭』, 景仁文化社.

임기환, 2007, 「고구려 평양 도성의 정치적 성격」, 『韓國史研究』 137.

余昊奎, 2009, 「〈廣開土王陵碑〉에 나타난 高句麗 天下의 공간범위와 주변 族屬에 대한 인식」, 『역사문화연구』 32.

武田幸男, 2009, 『廣開土王碑墨本の研究』, 吉川弘文館.

申敬澈, 2010, 「大成洞古墳群 發掘調査의 成果와 課題」, 『大成洞古墳群과 東亞細亞(제16회 가야사 국제학술회의 자료집)』, 金海文化院.

유우창, 2010, 「고구려 남정 이후 가락국과 신라 관계의 변화」, 『韓國古代史研究』 59.

권주현, 2011, 「『삼국사기』에 보이는 4-5세기의 加耶와 삼국과의 관계」, 『新羅文化』 38.

강종훈, 2012, 「한국 고대 금석문 자료에 대한 사료 비판론」, 『韓國古代史研究』 68.

공석구, 2012, 「광개토왕대 遼西지방 진출에 대한 고찰」, 『韓國古代史研究』 67.

김영하, 2012, 「廣開土王陵碑의 정복기사해석-신묘년기사의 재검토와 관련하여-」, 『韓國

古代史硏究』66.

복천박물관·서울대학교박물관, 2012, 『고구려 한반도를 품다』(도록).

鈴木靖民, 2012, 「廣開土王碑文の「倭」關係記事」, 『倭国史の展開と東アジア』, 岩波書店.

이도학, 2012, 「廣開土大王의 南方 政策과 韓半島 諸國 및 倭의 動向」, 『韓國古代史硏究』 67.

연민수, 2013, 「광개토왕비에 나타난 고구려의 남방 세계관」, 『광개토왕비의 재조명』, 동 북아역사재단.

鈴木靖民, 2013, 「광개토왕비에 보이는 왜」, 『광개토왕비의 재조명』, 동북아역사재단.

유우창, 2013, 「'가야 고구려 동맹'의 형성과 추이」, 『역사와 세계』 44.

이용현, 2013, 「광개토왕비문의 고구려와 가야」, 『광개토왕비의 재조명』, 동북아역사재단.

남재우, 2014, 「『廣開土王碑文』과 『宋書』로 본 倭의 加耶認識과 '任那日本府'」, 『지역과 역 사』 35.

동북아역사재단, 2014, 『혜정 소장본 廣開土王碑 원석탁본』.

홍보식, 2014, 「삼한·삼국시대 낙동강 하구 집단의 대외교류」, 『금관가야의 국제교류와 외래계 유물』, 주류성.

신가영, 2017, 「광개토왕비문의 '安羅人戍兵'에 대한 재해석」, 『東方學志』 178.

朱甫暾, 2017, 「가야사 연구의 새로운 進展을 위한 提言」, 『韓國古代史硏究』 85.

박천수, 2018, 『가야문명사』, 진인진.

안정준, 2019, 「역사적 공간으로서의 '遼東'과 고구려의 國際秩序 인식-「廣開土王碑」文에 보이는 국제질서 인식의 역사적 배경-」, 『韓國古代史硏究』 95.

「광개토왕비문 가야 관계 기사와 400년 고구려군의 남정」에 대한 토론문

남재우 창원대학교 사학과

가야사 연구의 진전을 가로막는 난관은 사료의 빈곤함 때문이다. 새로운 자료가 늘어날 가능성도 적다. 이러한 이유로 가야사 연구가 침체될 가능성이 높다는 지적도 있다. 하지만 이 글은 동일한 문헌자료라 하더라도 지속적인 재해석을 통하여 가야사 연구의 폭과 깊이를 확대할 수 있음을 잘 보여주고 있다.

이 글을 정리하면 다음과 같다. 주제는 '신라의 가야 지역 진출'이다. 신라의 전쟁 참여를 강조하여 '400년 전쟁'이라 부르고 있으며, 신라의 의도가 관철되었던 전쟁으로 이해하고 있다. 이 글은 "비문에서 전하고 있는 400년 전쟁의 양상은 반드시 역사적 사실을 그대로 반영한 것이 아닐 가능성이 높다. 399년 왜의 신라 침입 역시 실제 있었던 일이 아니었거나 과장되어 표현된 것으로 짐작된다. 400년 전쟁은 왜의 격퇴보다는 임나가라의 종발성이 있었던 지역, 그리고 정확히 비정할 수는 없지만 '安羅人戍兵'했던 다른 지역에 대한 복속을 목표로 진행되었을 것"이라는 가능성에서 출발하고 있다.

전쟁의 계기를 영락 9년조의 마지막 부분인 "태왕이 恩慈하여 그 충성을 稱하였다. 사신을 보내 돌아가서 □計를 고하게 하였다"에서 찾고 있다. 고구려와 신라의 군사 작전은 신라가 제시한 정보를 토대로 하였고, 그 결과는 임나가라의 종발성을 비롯한 여러 지역을 점령하고 신라군에게 인계하였다는 것이다. 안라인수병이 그 근거이다. 즉 '안라인수병'에 해당하는 지역은 임나가라가 아닌 다른 가야 세력 혹은 낙동강 하류 지역의 소국으로 이해하였다. 전쟁 성과는 광개토왕의 군사적 업적이었지만, 실질적인 이익은 신라에게 돌아갔던 전쟁으로 규정하고 있다. 전쟁 이후 고구려의 영향이 과도하게 평가되는 경향에서 벗어나, 신라가 낙동강 지역으로 진출하면서 가야 제국을 압박하는 과정이었다고 이해하였다.

광개토왕 남정을 고구려와 백제, 혹은 왜와의 관계가 아니라 신라의 가야 지역 진출 과정으로 이해하고 있다. 남정을 가야 사회 변화의 계기로 이해해 왔던 가야사 연구자들의 입장과는 다르다. 이 글은 가야사라기보다는 신라사에 가깝기도 하다. 몇 가지 질의로 토론을 대신하겠다.

첫째, 신라의 가야 지역 진출이 400년 전쟁의 목적이었다면, 정복된 가야 지역, 즉 '안라인수병'했던 지역은 어디였을까? 고구려 군대의 이동 경로 등이 확인되어야 한다. 일찍 신라화 된 지역으로 언급되고 있는 지역은 양산, 창녕 등지에 불과하다.

둘째, 고구려 군대의 출정 목적이 뚜렷해야 한다. 고구려의 전쟁 목적은 가야·왜와의 단절을 통한 백제의 고립화였다. '안라인수병'했던 지역이 어디여야 이러한 목적이 달성될 수 있었을까? 당시 백제는 탁순국을 통해 왜와 교섭하고자 했다.

셋째, 전쟁이 가야 사회에 미친 영향은 무엇이었을까? 그리고 아라가야와 대가야의 정치적 성장은 무엇에서 비롯되었을까?

넷째, "가야와 왜 연합군은 신라를 공격하였는데 신라의 구원 요청을 받아들여 파견된 고구려의 5만군과 대적할 수 없었고, 오히려 낙동강 하류 지역이 주요 전쟁터가 되면서 김해 지역의 가야 세력이 큰 타격을 입었던 것으로 추정된다"고 하였다. 발표자의 주장처럼 왜의 신라침공은 독자적이었다. 그렇다면 가야가 왜와 연합하여 신라를 침공한 이유는 무엇이었을까?

다섯째, "400년 전쟁 이후 고구려의 영향이 과도하게 평가되는 경향에서 벗어나, 신라가 낙동강 지역으로 진출하면서 가야 제국을 압박하는 과정이 있었다고 이해하는 것이 합리적이라고 생각된다. 이러한 관점에서 4~5세기의 가야 제국의 변화 양상을 살펴본다면, 왜 김해 지역의 세력만 쇠퇴하게 되었는지 그리고 이후 가야의 제 세력이 왜 통합되지 못했던 이유를 밝힐 실마리를 찾을 수 있지 않을까 한다."

가야의 제 세력이 통합되지 못한 원인을 찾는 것도 중요하지만, 통합되어야 한다는 시각의 당위성에 대한 의문도 제기되어야 한다. 가야가 백제와 신라처럼 통합되지 못한 것은 가야 내부 상황에서 찾을 수도 있다. 가야가 인근의 백제와 신라와 달리 동일한 시대적 상황 속에서 서로 다른 길을 걸었던 이유를 밝히는 것이 역사 발전의 다양성을 인정하는 것이다.

3

합천 매안리비의 분석과 건립 배경

— 대가야비의 재인식

이현태 문화재청 신라왕경핵심유적복원·정비사업추진단 학예연구사

I. 머리말

1989년 5월 경남 합천군 가야면에서 金相鉉(당시 동국대학교 경주캠퍼스 국사학과 교수)에 의해 삼국시대에 건립한 것으로 추정되는 비석 1기가 발견되었다. 이 비석은 그동안 마을 堂山의 선돌로 인식해 왔으며 해마다 정월 보름에 비석 주위에 금줄을 치고 山祭를 지냈다고 한다(金相鉉 1989, 147). 매안리가 고향이었던 김상현은 마을 어른들에게 이 돌이 옛날 나라에서 세운 비석이라는 이야기를 어릴 때부터 들으며 자랐고,[1] 1979년 충주 고구려비와 1989년 4월 포항 냉수리 신라비가 발견된 것에 자극을 받아 본격적으로 이 비를 조사하기에 이르렀다. 비석은 '가야면 매안리 1구 창마부락 입구'에서 발견되었기 때문에 '陜川 梅岸里 古碑'로 이름 붙여졌고(金相鉉 1989, 149) 대체로 '陜川 梅岸里碑'(이하에서는 매안리비로 약칭함)로 불려왔다.[2]

매안리비는 학계에 가야비로 보고되었으나(金昌鎬 1989, 43-44; 金相鉉 1989, 151-153) 판독이 가능한 글자가 많지 않을 뿐만 아니라 '村'이나 '干支' 등의 용어가 확인된다는 점에서 발견 당시부터 가야비인지 신라비인지에 대한 논란이 제기되었다(金昌鎬 1989, 42; 李文基 1992, 253). 뒤에서 구체적으로 살펴보겠지만 '干支'라는 용어는 이 비가 561년 이전에 건립되었음을 알려주며, 이 점에 대해서는 이견이 없다. 그런데 6세기 대의 신라·백제 금석문이 주목받으며 활발하게 연구되었던 것과 달리 매안

....

1 이성호(동국대 박사과정 수료)에 의하면 김상현은 생전에 자신이 지도하던 동국대학교 사학과 대학원생들에게 그와 같은 이야기를 종종 들려주었다고 한다(이현태 2018, 42).

2 매안리비는 지금도 발견 당시의 위치에 자리하고 있는데, 행정구역상 가야면 매안리가 아니라 구미리에 속한다. 마을 주민들의 전언에 따르면 이 비를 발견했던 김상현의 고향이 매안리였기 때문에 매안리비라고 이름 붙였다고 한다. 그렇다면 매안리비가 아니라 구미리비라고 命名하는 것이 맞지만, 논지 전개에 크게 상관이 없고 불필요한 논란을 일으키지 않기 위해 이 글에서는 매안리비로 부르고자 한다.

리비를 활용한 연구 성과는 많지 않은 편이다.[3] 이는 기본적으로 매안리비가 가야비인지 신라비인지에 대한 논란이 해결되지 못한 데서 비롯된 면이 크다고 생각된다. 일부에서는 매안리비를 가야비로 보는 것에 신중을 기하자고 하는(주보돈 2014, 42) 반면, 다른 쪽에서는 대가야비로 보아도 무방하다는 것이 학계의 보편적 결론이라고 언급한 데서(정현숙 2016, 168) 매안리비에 대한 인식의 현 단계가 잘 드러난다.

가야가 다른 고대 국가에 비해 사료가 많지 않다는 사실은 잘 알려져 있다. 이러한 상황 속에서 매안리비를 가야의 비로 볼 수 있다면 그 사료적 가치는 상당하다고 여겨진다.[4] 이 때문에 매안리비가 가야비인지 신라비인지를 밝히는 작업은 단순히 비석 1기를 검토하는 이상의 의미를 갖는다. 가야의 부체제 논의를 촉발시킨 '下部思利利'銘 短頸壺조차 가야의 것으로 보는 견해[蔡尙植 1987; 白承忠 1992, 478; 盧重國 1995, 168-171; 李熙濬 1995(2017, 16); 金世基 2000(2003, 273-278); 李炯基 2000, 24-28; 백승충 2000, 332-337; 白承玉 2001(2003a, 136-140); 李熙濬 2003(2017, 216); 백승충 2006, 102-114]와 백제의 것으로 보는 견해[金泰植 1990, 101; 田中俊明 1992, 260; 鈴木靖民 1990, 7; 李鎔賢 1999(2007, 226-227); 金泰植 2000, 184; 이영식 2018, 109-112]로 나뉘어 논란이 분분함을 상기하면 더욱 그러하다. 만일 매안리비가 가야의 비가 맞다면 현존하는

....

3   매안리비와 관련한 전론은 金相鉉(1989)이 유일하며, 가야 또는 삼국시대의 금석문을 살피는 과정에서 매안리비가 간략하게 다루어지기도 하였다(金昌鎬 1989; 1995; 선석열 1997). 가야사 연구자 가운데도 매안리비에 대해 언급한 이는 드문데, 田中俊明가 매안리비가 대가야 연맹과 관련한 비일 가능성을 거론하였고(1992, 166-168), 가야의 회의체나 대가야의 정치발전 단계를 논하면서 매안리비의 '四(十)干支'에 주목하기도 하였다[백승충 2000, 329; 白承玉 2001(2003a, 85, 277-278)]. 李炯基는 매안리 입석의 경우 대가야와 관련된 명문이 확인되어 이의 전후 사정을 고증한다면 대가야사를 밝히는 데 중요한 자료가 될 것이라고 하였다[2002(2009, 80)]. 한편, 1992년에 발간된 『譯註 韓國古代金石文』 II(신라1·가야 편)에서 매안리비가 가야 금식문으로 분류된 데 따른 결과인지는 모르겠으나, 신라사 연구자 가운데 매안리비를 연구에 활용한 예는 전무하다. 최근 삼국시대의 금석문을 전반적으로 다룬 연구(小倉慈司·三上喜孝 編 2018)에서도 매안리비는 누락되었다.

4   근래에 가야와 관련한 문헌 자료를 정리하는 과정에서 매안리비는 대부분 가야비로 분류되었다(백승옥 2003b, 104-105; 2014, 453-454; 안홍좌 2018, 229-230; 남재우 2018, 11-12).

유일한 가야비인 동시에, 비를 통한 문자 통치의 가능성까지 생각해 볼 수 있다.

이에 이 글에서는 매안리비가 가야비가 맞는지를 살피는 데 초점을 맞추고자 한다. 이를 위해 우선 매안리비의 형태상 특징과 판독에 대해 다룰 예정이다. 지금까지 매안리비의 비문에만 주목한 나머지 금석학적 측면에서의 연구를 소홀히 한 측면이 없지 않다고 생각하기 때문이다. 다음으로 매안리비를 둘러싼 그동안의 쟁점 사항을 비판적으로 검토하면서 가야의 비일 가능성과 비의 건립 연대에 대해 알아보려고 한다. 이 과정에서 매안리비가 신라비일 가능성이 있는지에 대해서도 점검하게 될 것이다. 끝으로 6세기 대가야의 정세를 염두에 두면서 대가야가 매안리비를 건립한 배경을 짚어보고자 한다.

이 글이 매안리비에 대한 관심을 다시 불러일으키고 매안리비의 사료적 가치를 본격적으로 탐색하는 데 조금이나마 도움이 될 수 있기를 기대한다.

II. 매안리비의 형태상 특징과 판독

매안리비는 지금도 발견 당시의 위치에 보존되어 있다. 매안리는 고령군에서 섬진강에 이르는 통로인 거창군 가조면과 인접하지만 그 사이는 해발 1,126m의 비계산으로 가로막혀 있으며, 사방이 산으로 둘러싸여 있다. 즉, 매안리를 陸路上에서 중요한 거점으로 보기는 힘든데, 각종 지도에 매안리 일대로 연결되는 교통로가 표시되어 있지 않은 점도 그것을 뒷받침한다(그림 1 참조). 이와 달리 水路는 주목할 만한데, 매화산에서 발원한 소하천이 매안리 일대를 지나 가야천으로 합류하며 가야천은 안림천을 거쳐 회천으로 유입되어 고령군을 남북 방향으로 관통한 다음 마침

[그림 1] 1872년 지방지도의 합천군지도와 매안리비의 위치(화살표로 표시)

내 낙동강 본류에 합류한다[金世基 2000(2003, 47-52); 조영현 외 2000, 257-260; 강용수 2013, 48, 66]. 즉, 가야면 일대를 관통하는 하천이 고령군, 나아가 낙동강까지 연결되는 것이다.

그리고 매안리비가 위치한 가야면과 그 인근의 야로면에 제철과 관련된 지명이 많이 남아 있는 점도 눈여겨볼 만하다. 특히 이 일대는 조선시대에 沙鐵이 토산물일 정도로 철이 풍부하게 생산되었는데, 冶爐縣 남쪽 心妙里의 鐵場에서는 正鐵 9,500근을 歲貢으로 바칠 정도였다고 한다.[5] 이러한 생산량은 한반도 3대 鐵山의 하나로 꼽힐 만큼 풍부한 것이었다[文暻鉉 1973(1983, 159)]. 때문에 야로면과 가야면은 지금까지 대

....

5   "土産, 銀口魚, 松茸, 沙鐵〈産冶爐縣南心妙里, 有鐵場, 歲貢正鐵九千五百斤〉."(『世宗實錄』卷
     150, 地理志 慶尙道 陜川郡條)

가야 철산지의 가장 유력한 후보지로 거론되고 있다[盧重國 1995, 164-165; 白承玉 2001(2003a, 132-133); 申鍾煥 2006, 42; 李炯基 2003(2009, 80-83); 김권일 2015, 100, 129-130]. 가야면·야로면은 행정구역상 합천군에

[그림 2] 발견 당시 모습(金相鉉 1989에서 [그림 3] 현재 모습(필자 촬영)
轉載)

[그림 4] 前面의 刻字 부분(점선 표시, 필자 촬영)

 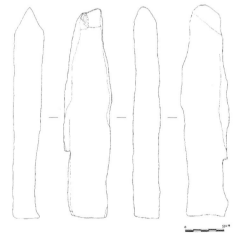

[그림 5] 조사를 위해 비를 옮기는 모습(金相鉉 1989에서 轉載)

[그림 6] 매안리비의 실측도(金相鉉 1989에서 轉載)

속하지만, 지형학적으로는 고령권에 포함되며(조영현 외 2000, 258-260)
생활권도 마찬가지이다. 매안리비가 위치한 지역의 이 같은 입지적 조
건은 비의 건립 배경을 살피는 데 실마리가 될 수 있으므로 유념할 필요
가 있다.

[그림 2]를 통해 알 수 있듯이 매안리비는 발견 당시 비신의 하단이
60cm가량 땅 속에 묻힌 채 언덕에 약간 기대져 있었고 1950년대 중반
홍수로 인해 비석이 넘어진 것을 마을 주민들이 다시 일으켜 세웠다고 한
다.[6] 명문은 언덕에 접해 있는 면에서 확인되었기 때문에, 비석을 부득이
인근의 밭으로 옮겨 눕혀놓고 조사가 이루어졌다. 비석을 옮길 당시의 사
진(그림 5)과 비신의 하단을 살펴보면 비를 받치기 위한 별도의 시설은 없
었던 듯하며, 잔존 상태로 보아 매안리비는 처음부터 蓋石을 얹지 않았던
것으로 추정된다. 현재 비신은 발견 당시와는 반대 방향, 즉 글자가 새겨
진 면을 정면으로 하여 座臺 위에 세워져 있다(그림 3 참조). 비신의 높이는

[표 1] 삼국시대의 주요 비석 크기

비석 명칭	높이(cm)	전면 너비(cm)	측면 너비(cm)	출처
광개토대왕릉비	639	148-200	135-146	盧泰敦, 1992,「廣開土王陵碑」,『譯註 韓國古代金石文』I, 駕洛國史蹟開發研究院
충주 고구려비	203	49-55	31-38	鄭永鎬, 2000,「中原高句麗碑의 發見調査와 意義」,『高句麗研究』10
집안 고구려비	173	60.6-66.5	12.5-21	集安市博物館 編, 2013,『集安高句麗碑』, 吉林大學出版社
사택지적비	109	36	28	洪思俊, 1954,「百濟 砂宅智積碑에 대하여」,『歷史學報』6
울진 봉평리 신라비	204	32-54.5	57-70	文化財管理局, 1988,『蔚珍鳳坪新羅碑調査報告書』
포항 중성리 신라비	105.6	47.6-49.4	13.8-14.7	국립경주문화재연구소, 2009,『浦項 中城里新羅碑』
서울 북한산 신라 진흥왕 순수비	155.1	71.5	16.6	盧重國, 1992,「北漢山 眞興王巡狩碑」,『譯註 韓國古代金石文』II, 駕洛國史蹟開發研究院
창녕 신라 진흥왕 척경비	300	175.5	30.3-51.5	盧重國, 1992,「昌寧 眞興王拓境碑」,『譯註 韓國古代金石文』II, 駕洛國史蹟開發研究院

....

6   비석의 발견 당시 상황과 조사 과정에 대한 이하의 서술은 金相鉉(1989, 148-149)을 참고하
    였음을 밝혀둔다.

265cm이며, 너비는 가장 넓은 부분이 56cm, 두께는 약 35cm이다(그림 6 참조).

　　매안리비는 크기가 매우 큰 편인데, [표 1]에 나타나 있듯이 삼국시대에 건립된 주요 비석 가운데 매안리비보다 크기가 큰 것은 중국 지린의 광개토대왕릉비와 창녕 신라 진흥왕 척경비뿐이다. 매안리비의 전체적인 형태는 충주 고구려비나 울진 봉평리 신라비와 유사하고[7] 외형적으로는 方形 柱狀型 비석으로 분류가 가능하다. 매안리비의 형태적 특징과 관련해 무엇보다 흥미로운 점은 자연석을 그대로 사용한 것이 아니라 어느 정도 다듬어 사용하였으며, 글자가 일부 확인되는 前·後面은 물론이고 양 측면까지 매끈하게 다듬었다는 사실이다. 이는 매안리비를 조성할 당시 4면비를 염두에 두었을 가능성을 떠올리게 한다.

　　매안리비가 발견될 당시에도 4면 전체에 글씨가 새겨져 있다는 주장이 조심스레 제기되었는데,[8] 후술하겠지만 현재로서 글자가 새겨져 있다고 누구나 인정할 수 있는 면은 前面밖에 없다. 이와 더불어 전면을 살펴보면 넓은 비면의 한가운데가 아니라 우측 상단에 치우친 부분에서만 글자가 확인이 되고(그림 4 참조), 전면의 중앙이나 좌측에서 글자를 새긴 흔적은 찾기 힘들다. 이 점은 그동안 별로 주목하지 않았지만, 매안리비의 조성 당시 사정과 무관하지 않다고 여겨진다. 혹 비석에 글자를 새기는 과정에서 비의 건립이 중단되었을 가능성은 없는지에 대한 고민도 필요하다고 생각된다.

　　한편 매안리비는 4면 가운데 前面에 글자가 새겨져 있는데, 글자 크기는 약 5.5cm이다. 서체는 北魏風의 楷書로(金相鉉 1989, 151) 隷書의 필

....

7　　충주 고구려비와 울진 봉평리 신라비의 형태적인 유사성을 울진 봉평리 신라비의 고구려적 요소로 보기도 하며(任世權 1989, 62-65), 나아가 신라가 비석 건립을 통치 수단으로 활용하는 데 많은 영향을 준 것이 충주 고구려비라는 견해도 있다(李鎔賢 2000, 458-477).

8　　비석이 발견되었을 당시 동국대학교 신라문화연구소(소장 김상현) 측은 "4면에 북위풍의 해서체로 6백여 글자가 새겨진 것으로 추측"된다는 견해를 제시하였다(『한겨레신문』 1989년 5월 31일자 11면).

의가 많이 섞여 있다고 한다(정현숙 2016, 169). 전면에서 글자가 뚜렷하게 확인되는 1행을 제외하면 나머지 부분에 글자가 새겨져 있었는지는 분명하지 않다. 전면의 2·3행도 글자가 있지만 마멸이 심해 판독이 불가하다는 견해[9]가 있는가 하면, 3행에서 일부 글자를 판독하여 소개한 경우도 있다.[10] 문맥상 1행 외에도 글자가 더 있었을 가능성은 있지만 어디까지나 추측에 지나지 않는다. 양 측면에도 글자를 새겼을 가능성이 제기되었으나[11] 여러 차례 비면을 살펴본 결과 글자의 흔적은 확인하지 못하였다. 5월 5일 노중국·주보돈을 비롯한 10여 명이 넘는 한국고대사연구회 회원들이 현장에서 공동으로 조사하였음에도 불구하고 "지난번에 판독한 (전면) 1행 이외에서는 한 글자도 확인할 수 없었다"(金相鉉 1989, 148)고 한 데서도 드러나듯이, 전면 2·3행과 양 측면에 글자가 새겨져 있었는지는 비의 발견 당시부터 확인하기 어려웠던 것이다. 후면에는 하단 중앙에 '山'이라는 글자가 새겨져 있고, 그 우측에는 '九'자처럼 보이는 글자가 있다. 하지만 후면에서 확인되는 이 단편적인 글자가 전면의 글자와 같은 시기에 새겼는지는 분명치 않아서(金相鉉 1989, 151) 발견 당시부터 논의의 범주에 포함되지는 못하였다. 이렇듯 현재로서는 매안리비에서 글자가 확인되는 부분은 전면의 1행뿐이다.

그런데 전면의 1행마저도 마모가 심하여 글자를 읽어내기가 쉽지 않은데, 碑文을 조사한 지 이틀 만에 언론을 통해 "乙(?)亥年△月五(?)日而(?)△村(?)△干支"라는 첫 판독문이 공개되었다.[12] 이후 한국고대사연구회와의 공동 판독 조사 및 여러 전문가와의 논의를 거쳐 "辛亥年九(?)月五(?)日轍欨村四十干支"라는 수정된 판독문이 언론에 재차 보도되었다.[13]

....

9   金昌鎬(1989, 42). 이와 달리 글자가 1, 2행 정도 더 있을 가능성만 언급한 경우도 있다(선석
     열 1997, 66; 백승옥 2003b, 104).
10   『嶺南日報』1989년 5월 4일자 13면.
11   金相鉉(1989, 151)은 "양 측면에도 글자의 흔적이 없지 않지만, 주관적인 판독이나 선입관에
     기울 염려가 있다"고 하였다.
12   『嶺南日報』1989년 5월 4일자 13면.

이후 매안리비 발견 당시 공동 판독 조사에 참여했던 김창호가 가야 지역에서 발견된 금석문을 소개하면서 1989년 11월 "△亥年△月△日而△村四(?)干支"라는 매안리비의 판독문을 제시하였다.[14] 같은 해 12월에는 매안리비를 발견했던 김상현이 비의 발견 경위와 대략적인 내용 등을 소개하면서 "辛亥年△月五(?)日斂欨村四十干支"라는 판독문을 제시하였다(金相鉉 1989, 151). 이후 몇몇 연구자들이 판독문을 추가로 제시하였는데(선석열 1997, 66; 백승옥 2003b, 104; 2014, 453; 안홍좌 2018, 229; 남재우 2018, 12), 김상현의 판독문에서 크게 벗어나지는 못하였다. 지금까지 제시된 판독문을 정리하면 다음과 같다.

[표 2] 매안리비의 전면 1행 판독 대비표

	김창호 (1989·1995)	김상현 (1989)	이문기 (1992)	선석열 (1997)	백승옥 (2003·2014)	안홍좌 (2018)	남재우 (2018)
1	△	辛	辛(?)	辛	辛	辛(?)	辛(?)
2	亥	亥	亥	亥	亥	亥	亥
3	年	年	年	年	年	年	年
4	△	△	△	△	△	△	△
5	月	月	月	月	月	月	月
6	△	五(?)	五	五	五	五(?)	五
7	日	日	日	日	日	日	日
8	而	斂	△	△	△	△	△
9	△	欨	△	△	△	△	△
10	村	村	村	村	村	村	村(?)
11	四	四	四	四	四	四	四
12		十	十	十	十	十(?)	十
13	干	干	干	干	干	干	干
14	支	支	支	支	支	支	支

....

13 『한겨레신문』1989년 5월 31일자 11면.
14 金昌鎬(1989, 42). 그는 이후에도 같은 판독문을 재차 제시하였다(1995, 76).

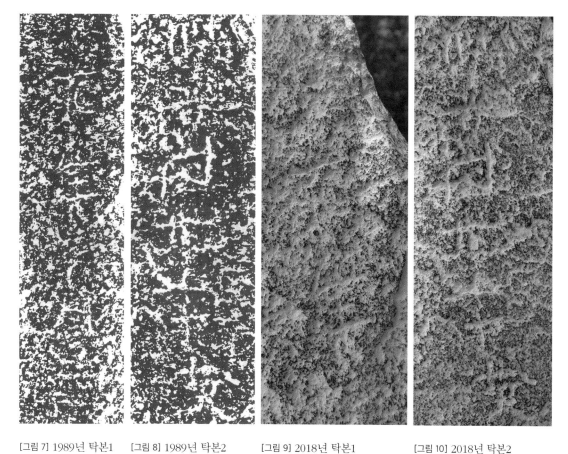

[그림 7] 1989년 탁본1   [그림 8] 1989년 탁본2   [그림 9] 2018년 탁본1   [그림 10] 2018년 탁본2

　　전면의 1행은 모두 14자로 구성되어 있는데, 판독상 크게 이견이 없
는 글자는 亥, 年, 月, 日, 村, 四, 干, 支 등 8자이다. 논지 전개상 판독이 반
드시 필요하다고 판단되는 글자에 대해 간략하게 살펴보도록 하겠다.

　　먼저 간지와 관련된 첫 번째 글자이다. 이 글자는 처음 언론에 보도
될 때 '乙'자로 소개되었는데,[15] 발견 당시부터 이미 판독이 불가하였고
이어지는 亥年이라는 글자와 남아 있는 획을 고려해 乙, 丁, 己, 辛, 癸 가
운데 '辛'자로 추독하였다(金相鉉 1989, 151; 李文基 1992, 254). 비의 발견

....

15　　『嶺南日報』 1989년 5월 4일자 1면, 13면.

당시 한국고대사연구회 회원들과 공동으로 판독하는 과정에서 이 글자를 乙 또는 己로 읽은 이도 있다고 한다(金相鉉 1989, 148). 현재 육안으로 관찰하는 것은 물론이고 발견 당시의 탁본(그림 7)을 살펴보아도 판독 자체가 곤란하다. 따라서 이 글자를 무리하게 추독하기보다 판독 미상으로 처리해 두고자 한다.

다음은 11~12번째 글자이다. 이 글자는 김창호는 四로, 다른 이들은 四十으로 판독하였다. 하지만 11번째 글자를 四자로 보기에는 凵획이 분명하지 않다. 반면 탁본상으로 卄자는 뚜렷하게 나타난다(그림 8·10). 12번째 글자도 十자로 보기에는 丨획이 불분명하며 一획을 기준으로 아래에는 八자처럼 보이기도 한다. 이에 기왕의 판독처럼 四十이 아니라 卄六일 가능성이 높다고 생각된다.

그 외의 4, 6, 8, 9번째 글자는 기왕의 판독에서도 이견이 분분하였고, 육안이나 탁본으로도 글자를 읽어내기가 쉽지 않아 판독 미상으로 처리해 두고자 한다. 그렇다면 매안리비의 전면 1행은 "△亥年△月△日△△村卄六干支"로 판독되며, "△亥年 △月 △日 △△村에서 26명의 干支가 모였다"는 의미로 해석하고 싶다.

III. 매안리비를 둘러싼 몇 가지 논점 검토

1. 건립 연대와 '干支'

매안리비의 건립 연대와 관련해 무엇보다 관심을 끄는 부분은 전면 1행 첫머리의 '△亥年'과 '干支'이다. 특히 여러 연구자들은 干支가 수장을 의미하며(金昌鎬 1989, 44; 金相鉉 1989, 152; 李文基 1992, 254; 백승옥 2003b, 105), 干支라는 표기에 주목하여 매안리비의 건립 연대를 추정하였다. 일찍이 신라의 京位 표기에서 6세기 전반까지는 이른바 干群 京位에 干支라는 어미가 붙는 반면 6세기 후반부터는 '支'자가 탈락된다는 주장이 제기된 바 있다(武田幸男 1977, 68). 561년에 건립된 것으로 여겨지는 창녕 신라 진흥왕 척경비부터는 干支에서 '支'자가 보이지 않는데, 1978년 단양 신라 적성비의 발견으로 그 주장은 더욱 설득력을 얻었다[朱甫暾 1985(2002, 235)]. 이 같은 경향은 외위에서도 나타나는데, 기존에는 578년에 건립되었을 가능성이 높은 대구 무술명 오작비에 貴干支(외위 4관등)가 확인된다는 점을 근거로 外位는 지역에 따라서 561년 이후에도 干支 표기가 있을 수 있다는 견해도 있었다[朱甫暾 2000(2002, 342-343)]. 하지만 대구 무술명 오작비를 3D 스캔을 활용해 재판독한 결과 '貴干支△' 부분은 '貴干工尺'(貴干/工尺)으로 밝혀져(정재영·최강선 2019) 기존의 주장은 재검토할 수밖에 없게 되었다.[16]

이와 같은 연구 성과를 참고하면 매안리비의 건립 하한은 561년으로 잡을 수 있다.[17] 나아가 '△亥年'을 '乙亥年'으로 판독한 경우에는 매안리비의 건립 연대를 435년 또는 495년으로,[18] '辛亥年'으로 판독한 경우에는 531년 또는 471년으로 이해한다.[19] 매안리비의 전면 첫 번째 글자는 '辛'자로 추독하는 견해가 많지만(표 2 참조), 앞서 언급하였듯이 판독이 곤란한 상황이다. 561년 이전 시점 가운데 '△亥年'의 후보로는 555년

....

16 최근 경주 월성 해자에서 출토된 〈목간 신1호〉에서 干支라는 외위가 확인되었다. 이 목간의 서체와 내용이 대구 무술명 오작비(578) 및 남산신성비(591)와 유사하다는 점에 근거하여 561년 이후로 편년하기도 한다(윤선태 2017a, 75; 2017b, 484-485). 하지만 서체와 단편적인 내용에 입각하여 월성 해자 출토 〈목간 신1호〉를 진평왕대로 편년하는 것은 다소 성급하다고 여겨진다. 따라서 보다 안정적인 자료를 기반으로 목간의 연대가 확정될 때까지는 561년 이후에 외위가 확인되는 사례로 단정적으로 이야기하는 것은 유보할 필요가 있다고 생각한다.

17 매안리비를 가야비로 보는 것에 유보적인 입장에 있는 연구자조차 '干支' 표기는 이 비가 561년 이전에 건립되었음을 뒷받침한다고 하였다(주보돈 2014, 42).

18 『嶺南日報』 1989년 5월 4일자 1면.

19 金相鉉(1989, 152); 田中俊明(1992, 168); 백승옥(2003b, 104-105; 2014, 453). 李文基도 전면의 첫 글자를 辛으로 추독하였으나, 辛亥年의 절대 연대는 미상으로 판단하였다(1992, 254). 한편, 전면의 첫 글자를 판독이 불가하다고 보았던 김창호는 매안리비가 5세기 후반이나 6세기 초에 건립된 것으로 추정하였다(1989, 44).

(乙亥年), 543년(癸亥年), 531년(辛亥年), 519년(己亥年), 507년(丁亥年) 등을
꼽을 수 있는데, 현재로서 구체적인 시점을 특정하기는 어렵다. 아울러
가야 관련 문자자료 가운데 가장 시기가 올라가는 산청 하촌리 IB지구 7
호 주거지에서 출토된 '二淂知'銘 把手附盌이 5세기 말~6세기 초로 편년
되고 있음(이현태 2018, 57)도 고려할 필요가 있다. 그렇다면 '△亥年'은 5
세기 대로 소급하기보다 507년에서 555년 사이의 어느 시점으로 보는 것
이 타당하다고 생각된다.

　　매안리비의 건립 시점과 관련해서는 562년 이전에 가야가 멸망하였
다는 기록도 있으므로 반드시 가야 제 세력의 멸망 이전에 매안리비가 세
워졌다고 단정해서는 곤란하며, 나아가 매안리비를 가야비로 보는 것도
신중히 접근해야 한다는 지적도 있다(주보돈 2014, 42). 사실 대가야의 멸
망 시점은 다소 논란이 있는데, 560년, 562년 이전, 562년 1월, 562년 9
월 등 다양한 설이 난무하고 있다.[20] 하지만 매안리비의 건립 시점은 앞
서 논의하였듯이 507~555년이므로, 대가야의 멸망보다 앞선다. 더구나
『삼국사기』에 따르면 대가야의 도읍이던 高靈郡에는 冶爐縣과 新復縣이
라는 2개의 領縣이 있었는데,[21] 야로현은 현재 합천군 야로면과 가야면,
묘산면 일대라고 한다(鄭求福 外 2001, 226-227). 즉, 매안리비는 대가야가
존속하고 있던 507~555년의 어느 시점에 대가야 영역 내에 건립되었던
것이다. 이는 매안리비의 건립 주체가 대가야임을 말해준다.

　　물론 합천 삼가 고분군이나 저포리 고분군, 옥전 고분군의 일부 고분
에서 대가야 멸망보다 앞선 시기의 신라 양식 토기가 부장된 점을 들어
합천 서부 및 남부 지역이 대가야가 멸망하기 이전에 신라로 편입되었을

....

20　대가야의 멸망 시점에 대한 다양한 논의와 관련해서는 李文基(2010, 210-221); 尹星鎬(2011,
　　18-24) 참조.

21　"高靈郡, 本大加耶國. …(중략)… 眞興大王侵滅之, 以其地爲大加耶郡. 景德王改名, 今因之. 領
　　縣二. 冶爐縣, 本赤火縣. 景德王改名, 今因之. 新復縣, 本加尸兮縣. 景德王改名, 今未詳."(『三國
　　史記』卷34, 雜志3 地理1 高靈郡條)

가능성이 제기되고 있으나, 그 시점은 550년을 전후한 무렵이다[이희준 2014(2017, 302-304)]. 하지만 이러한 고분이 남강 수계 또는 황강 수계에 위치하는 것과 달리 매안리는 고령권에 가까운 안림천 수계에 위치하기 때문에 양자는 상당한 거리가 떨어져 있다. 따라서 삼가 고분군이나 저포리 고분군, 옥전 고분군이 위치한 지역이 대가야가 멸망하기 이전에 신라로 편입된 것과 매안리 일대의 향방은 별개라고 할 수 있다. 결국 어떠한 방향에서 접근하더라도 대가야의 멸망 이후 매안리비가 건립되었다거나 대가야가 멸망하기 이전 신라로 먼저 편입된 지역에 매안리비가 건립되었다고 보기는 쉽지 않다.

한편, 『일본서기』에 가야의 수장이 '干支'가 아니라 '旱岐'로 표기되어 있는 점을 고려하면 매안리비의 干支를 가야 계통으로 볼 수 있느냐는 의문을 가질 수도 있다(주보돈 2014, 42). 그런데 干支가 반드시 신라에만 보이고, 旱岐가 가야에만 보이는 것은 아니다. 예컨대 『일본서기』에서 意富加羅國의 왕자인 都怒我阿羅斯等과 任那王인 己能末多는 干岐(干支)를 칭하였다.[22] 아울러 비교적 사료적 가치가 높다고 평가받는 『梁書』 新羅傳에는 子賁旱支, 齊旱支, 謁旱支, 壹吉支, 奇貝旱支 등 신라의 관등이 소개되어 있다.[23] 『南史』 新羅傳은 『양서』에는 보이지 않는 壹旱支를 추가로 수록하였다.[24] 『남사』 신라전의 壹旱支가 포항 냉수리 신라비에서 壹干支로 나타나는 데서(盧重國 1992, 5) 알 수 있듯이, 『양서』와 『남사』의 旱支가 干支를 가리키는 것은 분명하다. 이와 달리 사료의 신빙성에 대한 논

....

22 "對曰, 意富加羅國王之子, 名都怒我阿羅斯等, 亦名曰于斯岐阿利叱智干岐."(『日本書紀』卷6, 垂仁天皇 2年條); "夏四月壬午朔戊子, 任那王己能末多干岐來朝"(『日本書紀』卷17, 繼體天皇 23年 夏四月條).

23 "其官名, 有子賁旱支·齊旱支·謁旱支·壹吉支·奇貝旱支"(『梁書』卷54, 列傳48 新羅傳). 이 기사는 521년 양나라에 온 신라 사신에게 얻은 정보를 바탕으로 작성한 것으로 이해되며, 新羅傳이 중국 사서에 처음 入傳되는 것이 『梁書』이므로 사료적 가치가 높다고 한다[末松保和 1936(1954, 376-379); 國史編纂委員會(1986, 73)].

24 "其官名, 有子賁旱支·壹旱支·齊旱支·謁旱支·壹吉支〈壹吉支, 梁書作壹告支〉·奇貝旱支"(『南史』卷79, 列傳69 新羅傳).

란이 있기는 하지만, 왜에 인질로 끌려간 나물왕자 未斯欣이 『일본서기』 에 '微叱 旱岐'로 표기되어 있는 것[25]도 주목할 만하다.[26] 이러한 사례는 신라의 干支가 중국이나 일본의 史書에 수록되는 과정에서 달리 표기될 수도 있음을 보여준다. 『일본서기』에 보이는 가야의 旱岐 역시 그러했을 가능성을 완전히 배제하기는 어렵다.

이와 관련해 『일본서기』와 일부 중국 사서에 보이는 旱岐(旱支)는 干 支의 異寫이며, 『일본서기』의 干支는 신라·가야 계통, 旱岐는 백제 계통 의 사서에서 轉載하였으리라는 견해(백승충 2000, 321)는 시사하는 바 크 다. 干이 Khan, 汗, 旱, 韓, 加와 마찬가지로 고대 동북아시아에서 首長을 지칭하는 보편적인 용어라는 점은 잘 알려져 있거니와[金光洙 1983; 全德 在 1995(1996, 39-40); 南豊鉉 2015, 12-14], 기왕에도 '旱'은 '干'과 같은 수 장을 의미하고 '岐'는 '支' 또는 '智'와 같은 존칭어미로 사용되므로 '旱 岐'와 '干支'는 상통한다고 이해해 왔다(盧重國 1995, 156). 『일본서기』에 등장하는 旱岐의 음가는 'かんき'인데 干岐의 음가도 'かんき'이다(小島憲 之 외 校注·譯 1996, 317, 367). 즉, 旱岐와 干岐의 음가는 동일하며, 나아가 干岐(干支)의 우리말 발음과 유사하다는 점은 대단히 흥미롭다.

실제로 가야에서 '干'을 칭하였음을 알려주는 우리 측 기록이 전혀 없는 것은 아니다. 『三國遺事』 駕洛國記條에는 수로왕 때 신라의 職制를 취하여 角干, 阿叱干, 級干을 두었다는 기사가 실려 있는데,[27] 그동안은 후 대의 윤색 가능성[鬼頭淸明 1974(1976, 198); 백승충 2000, 307] 때문에 적 극적으로 활용되지 못하였다. 최근 이 기사의 연대를 수로왕 대까지 소급

·········

25   "時新羅使者毛麻利叱智等, 竊分船及水手, 載微叱旱岐, 令逃於新羅"(『日本書紀』 卷9, 神功紀 5 年 春三月條).

26   '微叱 旱岐'는 『일본서기』의 신라 관련 자료에서 확인되는 유일한 '旱岐'의 용례로, 후대의 자 료 취합이나 사서 편찬 과정에서 고쳐졌을 가능성에 무게를 두고 신빙하기 어렵다는 견해도 있다(백승충 2000, 321-322).

27   "取雞林職儀置角干·阿叱干·級干之秩, 其下官僚以周判漢儀而分定之, 斯所以革古鼎, 新設官分 職之道歟"(『三國遺事』 卷2, 紀異2 駕洛國記條).

한 것은 문제지만 角干-阿叱干-級干이란 관등은 가야권 자체의 일정한 역사적 전승에 기초한 것으로 보고, 신라 관등제의 원형을 파악하는 데 활용한 연구가 있어 주목된다(윤선태 2015, 114-118). 나아가 가야가 신라의 직제를 취하였다는 구절은 후대 사람들이 가야와 신라 관등 位號制에 존재하는 유사성을 인식하여 신라 중심적 사관에서 서술한 것으로 이해하였다.[28] 이것이 곧 가야에 角干, 阿叱干, 級干이 있었음을 뒷받침하는 것은 아니지만, 가야에도 '干'을 칭하는 관등이 존재하였을 가능성을 열어주었다는 점에서 의미가 있다.

이와 같은 점을 염두에 두면 『일본서기』에 가야의 수장이 旱岐로 표기되어 있다고 해서 매안리비의 干支가 가야 계통이 아니라고 단정 짓기는 힘들다고 생각한다. 더욱이 대가야가 멸망하기 전에 대가야의 영역 내에서 수십 명의 신라 干支가 모이는 것이 과연 가능하였을지 반문해보면 매안리비의 干支를 신라의 干支로 이해하는 것은 무리라고 하겠다.

2. '村'과 石碑 문화의 부재

매안리비에 村이 등장한다는 사실과 대가야의 중심 지역에 비가 세워진 사례가 없음에도 그 주변 지역에 거대한 크기의 비를 세울 수 있었을까 하는 점도 매안리비를 가야비로 보는 것을 주저하게 만든다(주보돈 2014, 42). 매안리비를 제외하면 현재 남아 있는 자료 가운데 가야에 촌이 존재하였음을 뒷받침하는 직접적인 자료는 없지만, 다음의 사료를 눈여겨볼 필요가 있다.

....

28   종래에도 이와 비슷한 주장이 있었는데, 南豊鉉(2015, 12)에서 "(角干, 阿叱干, 級干은) 신라의 것을 따른 것으로 되어 있으나 三韓時代부터 '韓'이 존재했었음을 고려하고 그와 어원이 같은 '干'이 존재했던 것으로 보면 가야에 존재했던 官等名을 후세에 변개한 것"이라고 하였다.

A-1. 樂師인 省熱縣人 于勒에게 명하여 12곡을 짓게 하였다.[29]

A-2. 加羅 王은 신라의 王女와 혼인하여 드디어 자식을 낳았다. 신라가 처음에 왕녀를 보낼 때 100명을 함께 왕녀의 시종으로 삼았다. (이들을) 받아들여 여러 縣에 나누어 배치하고 신라의 衣冠을 착용토록 하였다.[30]

사료 A-1·2는 대가야가 지방을 어떻게 편제하고 통치하였는지 보여준다는 점에서 중요하다. 특히 于勒이 省熱縣 사람이라거나 대가야가 신라의 왕녀를 따라온 100명의 시종을 여러 縣에 분산시켰다는 것은 가야에도 일정한 지방 조직이 존재하였음을 시사한다. 그것이 縣으로 불렸는지는 알 수 없지만, A-1·2의 縣을 郡縣制 하의 縣으로 볼 수 없음은 명백하다. 혹 A-1·2의 縣은 신라의 지방 조직에 대한 관념이 후대에 투영된 데 따른 표현일 수도 있는데, 그렇다고 해도 대가야 왕의 지배력이 미치는 지역을 縣으로 지칭한 것은 분명하다[李永植 2004(2016, 474)]. 이는 나아가 중앙과는 대비되는 지방 개념의 상정은 물론이고[백승충 2000, 331; 李炯基 2002(2009, 156)] 지방 제도의 실시까지 생각할 여지를 준다[田中俊明 1992, 159-162; 朱甫暾 1995, 38; 白承玉, 1999(2003a, 164)]. 특히 위의 사료에 보이는 縣이 실제로 신라 중고기의 城 또는 村과 그 모습이 유사하였으리라는[31] 이해를 바탕으로, 가야에 城·村을 하부 단위로 한 말단 지방 체제가 있었을 가능성이 제기되고 있다[白承玉 1999(2003a, 164)].

이처럼 A-1·2에 보이는 縣의 실체는 신라 중고기의 城·村과 다르지

....

29   "乃命樂師省熱縣人于勒, 造十二曲"(『三國史記』卷32, 雜志1 樂志 加耶琴條).

30   "加羅王娶新羅王女, 遂有兒息. 新羅初送女時, 幷遣百人, 爲女從, 受而散置諸縣, 令着新羅衣冠"(『日本書紀』卷17, 繼體天皇 23年 3月 是月條).

31   盧重國 1995, 184. 한편, 이영식도 "신라 주군현제의 縣이나 일본 율령제의 縣과 같은 군현제도의 존재 자체는 인정하기 어렵다 하더라도 원초적인 지방제도나 가야제국을 지방으로 편제해 가던 대가야왕의 실력은 인정해도 좋을 것으로 생각한다"는 견해를 밝힌 바 있다(2018, 122).

않은데, 대가야에 村이 있었음을 방증하는 자료라 하겠다.[32] 우리 측 사료에 村이 처음 등장하는 것은 414년에 건립된 광개토왕릉비이며, 503년으로 편년되는 포항 냉수리 신라비의 '村主 臾支 干支'의 사례로 보건대 신라에서는 5세기 후반부터 村主制가 시행되었을 가능성이 높다고 한다(朱甫暾 2007, 22, 28-30). 최근 대가야는 다른 가야와 달리 국가 발전 단계가 상당한 수준에 도달하였음을 뒷받침하는 자료가 다수 확인되고 있는데, 6세기의 대가야를 신라 마립간 시기와 동일한 수준의 '초기고대국가'로 파악하기도 하고[33] 더 나아가 '고대국가'에 이르렀다는 견해도 있다.[34] 이와 같은 저간의 상황을 고려하면 6세기 대의 대가야에 村이 존재하였을 가능성을 원천적으로 배제할 필요는 없다고 생각한다.[35] 합천 저포리 E지구 4-1호분에서 출토된 短頸壺 1점에 새겨진 '下部思利利'란 짧은 명문이 가야의 部體制 논의를 불러일으켰음을 상기하면, 가야에 村과 관련된 직접적인 자료가 보이지 않는다고 해서 매안리비가 가야비가 아님을 입증하는 근거로 삼는 것은 지나치다고 생각된다.

한편, 현재까지 분명한 대가야의 비는 발견되지 않았으므로, 대가야가 도읍이 아닌 주변 지역에 매안리비처럼 거대한 비를 세울 수 있었을까 하는 의문은 충분히 가질 법하다. 하지만 대가야의 도읍에서 비가 발견되지 않았다는 점이 곧 주변 지역에서 비의 건립이 이루어지지 않았음을 뒷

....

32 『日本書紀』卷6, 垂仁天皇 2年條에는 郡家, 郡公, 郡 등 郡과 관련한 용어가 많이 등장하는데, 이를 대가야의 지방 조직과 관련 지어 설명하기도 한다[盧重國 1995, 185; 李炯基 2002(2009, 156-159)]. 그런데 垂仁天皇 2年條에 보이는 意富加羅國의 경우 대가야인지 금관가야인지 확실하지 않고, 오히려 금관가야 쪽에 무게가 실리고 있다는 점[李丙燾 1972(1985, 340-341); 李永植 1995(2016, 614)]에서 일단 논의의 대상에서 제외시켰다.

33 이영식(2018, 135)은 대가야는 "고대국가적 징표가 적지 않게 나타나는 '초기고대국가'와 같이 정의할 수 있으며, '고대국가'로 규정하려는 신라 마립간 기와 같은 수준의 사회로 볼 수 있다"고 하였다.

34 김세기는 5세기 중후반 대가야가 고대국가 체제를 이룩한 것으로 이해한다[2000(2003, 261-273); 2017, 126-141]. 대가야를 중심으로 한 '가야고대국가론'의 형성 과정은 주보돈(2017, 29-35) 참조.

35 백승충은 매안리비에 근거하여 "가라국 인근의 독자세력인 村主가 '某某村干支'를 칭하면서 모종의 목적을 가지고 모인 것으로 추정된다"는 견해를 제시한 바 있다(2000, 329).

받침하는 것은 아니다. 가령 포항 중성리 신라비와 포항 냉수리 신라비, 울진 봉평리 신라비 등 가장 이른 시기의 신라비가 발견된 곳은 신라의 도읍이 아닌 지방이었고, 월성을 기준으로 하면 직선거리로 최소 26km 이상 떨어져 있다. 반면 고령 주산성에서 매안리비까지의 직선거리는 약 12km로, 그 절반에도 미치지 않는다.

또한 합천 저포리 E지구 4-1호분에서는 '下部思利利'銘 단경호, 산청 하촌리 IB지구의 삼국시대 7호 주거지에서는 내면에 '二得知'라는 명문이 새겨진 파수부완이 출토된 바 있다. 두 토기는 모두 전형적인 대가야 양식의 토기로, 특히 후자의 경우 王城이나 수장의 居館이 아닌 하위 취락에서 사용되었다는 점에서 문자가 일반 촌락에서 어느 정도 일상화되었음을 보여주는 자료로 이해하기도 한다(박천수 2018, 438). 이처럼 고령 지역에서 대가야의 명문 토기가 출토된 예가 없음에도 불구하고, 고령 이외의 지역에서 대가야의 명문 토기가 출토되고 있는 것이다. 여기에 주목한다면 고령에서 대가야비가 발견되지 않았다고 해서 그 주변 지역에서 대가야비의 건립 가능성에 의문을 갖는 것은 너무 단선적인 접근이 아닌가 한다. 매안리비가 건립될 무렵 대가야에서 이미 상당한 수준의 문자 생활이 이루어지고 있었던 데서도 그것을 유추해 볼 수 있는데, 다음의 기사가 눈길을 끈다.

B. 建元 원년(479) (加羅)國王 荷知가 사신을 보내와 방물을 바치니, 이에 詔書를 내려 "널리 헤아려 비로소 (조정에) 올라오니, 멀리 있는 夷가 두루 德에 감화됨이라. 加羅王 荷知는 먼 동쪽 바다 밖에서 폐백을 받들고 관문을 두드렸으니, 輔國將軍 本國王을 제수함이 합당하다"라고 하였다.[36]

....

36　　"建元元年, 國王荷知使來獻. 詔曰, 量廣始登, 遠夷洽化. 加羅王荷知款關海外, 奉贄東遐. 可授輔國將軍·本國王"(『南齊書』卷58, 列傳39 東夷 加羅國條).

사료 B는 479년 대가야 왕 荷知가 중국 南齊에 사신을 파견한 사실을 전하는데, 당시 대가야는 독자적으로 南齊와 교섭하였으리라고 이해하는 것이 일반적이다[田中俊明 1992, 73-78; 李文基 1995, 223; 李永植 2004(2016, 488)]. 이와 달리 대가야가 중국 왕조와 직접 교섭한 경험이 없기 때문에 남제로 가는 항로나 의사소통 문제는 자체적으로 해결할 수 없어서 백제의 협조 하에 사신을 파견하였다는 주장도 있다(노중국 2012, 64-66). 하지만 이듬해 백제가 남제에 사신을 파견하여 冊封號를 받은 것으로 미루어[37] 만일 479년 대가야가 남제에 사신을 파견하는 데 백제가 관여하였다면 이때 책봉호를 함께 받았을 것으로 여겨진다. 하지만 그렇지 않은 것으로 보아 479년 대가야의 사신 파견은 독자적인 외교 활동으로 파악하는 것이 순조로울 듯하다. 대가야가 독자적으로 외국에 사신을 파견하였다는 것은 당시 대가야의 지배층이 上表文 작성이 가능할 정도의 언어 능력을 갖춘 것은 물론이고 문서 외교에 필요한 학문적 수준의 문자 생활을 영위하고 있었음을 알려준다[宋基豪 2002, 25-27; 李永植 2004(2016, 488-489)]. 이는 나아가 6세기의 대가야가 비의 건립을 통한 문자 통치가 가능한 단계로 접어들었음을 짐작케 한다.

따라서 매안리비에 村이 등장한다는 점이나 대가야에서 石碑 문화의 흔적이 보이지 않는 점에 너무 무게를 둘 필요는 없다고 생각된다. 신라에 비하면 대가야는 관련된 문헌 자료가 극히 영세하고 진전된 국가 발전 단계에 이른 지 오래지 않아 멸망하였기 때문에, 村의 용례와 石碑 문화의 부재는 오히려 당연하다고 여길 수도 있다. 이제 매안리비의 건립 주체를 보다 분명히 하기 위해 절을 달리하여 매안리비가 신라비일 가능성은 없는지 살펴보도록 하겠다.

....

37 "齊高帝建元二年三月, 百濟王牟都遣使貢獻. 詔曰, 寶命維新, 澤被絶域, 牟都世藩東表, 守職遐外, 可卽授使持節都督百濟諸軍事‧鎭東大將軍"(『冊府元龜』卷963, 外臣部 封冊1).

3. 매안리비의 신라비 가능성 검토

매안리비를 신라비로 볼 경우 村과 干支에서 파생되는 문제는 자연스레 해소된다. 하지만 그와는 별개의 새로운 문제가 발생하는데, 비문의 서술 방식이 그것이다. 매안리비를 발견 초기부터 신라비가 아닌 가야비로 인식하게 된 결정적인 요인은 신라 중고기의 금석문과 비교해 인명의 표기 방식이 다르다는 점 때문이었다(金相鉉 1989, 152; 金昌鎬 1995, 77-78).

신라 중고기 금석문의 인명 표기는 '(職名+)部名+人名+官等名' 순으로 이루어졌으며 職名이나 部名이 동일한 경우 생략하였다는 주장은 이미 일찍이 제기되었고(三品彰英 1963, 181), 지금까지 통설로 자리 잡고 있다. 그런데 매안리비의 전면은 날짜 이하에 '촌명(△△村)+숫자(卄六)+관등명(干支)'만 표기되어 있다. 만일 干支 바로 앞의 두 글자를 人名으로 본다면 '人名+官等名' 순의 표기가 되지만, 해당 글자는 '卄六'으로 판독되며 종래의 판독('四十')을 따르더라도 숫자라는 점은 마찬가지이다. 따라서 干支 앞의 두 글자가 인명일 가능성은 희박하다.[38]

신라 중고기 금석문에서 部名과 人名이 확인되지 않는다는 것은 상상하기 어려운데, 매안리비에서는 양자 모두 보이지 않는다. 특히 매안리비를 살펴보면 26명의 간지가 모였음에도 불구하고 '卄六干支'라고만 기술되어 있고 인명은 전혀 언급이 없는데, 신라 중고기의 금석문이라면 26명의 人名을 部名과 함께 일일이 나열하는 것이 일반적이다. 일례로 539년에 작성된 울주 천전리 각석의 追銘에는 "지난 을사년 6월 18일 새벽 沙喙部의 徙夫知 葛文王과 妹, 於史鄒의 따님[女郎] (이렇게) 세 사람이 함께 놀러왔다"고 기술되어 있는데,[39] 총 3명이 왔다고 기술하면서도 그에

....

38 金相鉉(1989, 152). '四十干支'에서 '四十'이 人名인지 40명의 수장인지는 분명치 않다고 언급한 이들조차 해당 구절을 '40명의 수장들'이라고 해석하였다(선석열 1997, 66; 백승옥 2003b, 105).

앞서 3명이 누구인지를 나열해 놓았다. 매안리비의 '卄六干支'와 비교하면 기술 방식에서 큰 차이가 느껴진다.

人名 표기상의 차이뿐만 아니라 部名이 보이지 않는 것은 매안리비의 건립 배경을 고려할 때 결코 간과할 수 없는 부분이다. 部名의 冠稱은 중고기라는 한정된 시기에만 나타나는 특징적인 현상으로, 520년에 반포한 율령에 部名 기재 방식에 관한 규정이 들어 있었다는 주장이 제기될(李文基 1981, 106) 정도로 보편적이었다. 현재로서는 매안리비의 전면 1행 외에 전면의 다른 부분이나 후면 등에서 판독하였다는 글자를 모두 포함하더라도 '部'자 또는 그와 유사한 획은 확인되지 않고 있다. 매안리비의 간지가 신라 계통이라면 비문에 部가 보이지 않는 것은 그리 간단하게 여길 문제가 아니다.

비문에 部가 등장한다는 것은 해당 비의 건립 과정에 어떤 식으로든 왕경의 지배층이 관여하였음을 의미한다. 6세기 전반에 건립된 포항 중성리 신라비와 냉수리 신라비, 울진 봉평리 신라비에 京位 干群을 가진 이들이 여러 명 등장하는 것은 해당 지역에서 벌어진 모종의 문제를 해결하는 데 왕경의 지배층이 적극적으로 개입하였기 때문이다. 이 점을 감안하면 매안리비에서 部가 보이지 않는 것은 왕경 지배층과의 연관성을 일단 제외한 상태에서 생각할 수밖에 없게 하는데, 왕경 지배층의 관여 없이 555년 이전에 매안리비와 같이 거대한 비를 건립하는 것이 과연 가능하였는지는 의문이다. 아직 대가야가 신라에 복속되기 전에 대가야 왕성에서 직선거리로 약 12km 떨어진 곳에 비가 건립되었음을 염두에 두면 더욱 그러하다.

이상에서 논의한 것처럼 人名의 표기 방식에서 드러나는 신라 금석문과의 차이점은 물론이거니와 部名이 보이지 않는 점은 매안리비를 신

---

39   "過去乙巳年六月十八日昧, 沙喙部徙夫知葛文王·妹·於史鄒女郎, 三共遊來"(이에 대한 판독은 李文基 1992, 160-161을 참조하여 일부 수정하였음).

라비로 보기 어렵게 한다. 만일 매안리비의 건립 주체가 신라라면 왜 중고기의 여느 금석문과 비교해 인명 표기가 그리 다른지, 部名은 왜 보이지 않는 것인지, 나아가 교통상의 요충지나 주요 戰場으로 보기도 힘든 매안리에 거대한 비를 세운 목적은 무엇인지에 대한 적절한 설명이 뒤따라야 한다. 하지만 현실적으로 그것이 쉽지 않다는 점이 문제이다. 이렇듯 매안리비를 신라비로 볼 경우에는 더 해결하기 힘든 문제가 놓여 있음을 알 수 있다. 이러한 저간의 사정을 종합하면 매안리비는 대가야가 세운 비로 이해하는 것이 타당하다고 생각한다.

IV. 6세기 대가야의 정세와 매안리비의 건립 배경

지금까지의 논의를 통해 매안리비는 신라비가 아니라 507~555년 사이 대가야가 건립한 비라는 점이 분명해졌다. 이제는 대가야가 매안리에 거대한 비를 세운 배경이 무엇이었는지를 밝히는 것이 관건이다. 여기서 한 가지 염두에 두어야 할 것은 매안리비의 건립 연대가 특정한 해, 즉 ○○○년으로 고정될 수 있는 상황이 아니라는 사실이다. 그러므로 507~555년이라는 넓은 시간적 범위 속에서 매안리비의 건립 배경을 살핀다는 것은 일정한 한계를 지닐 수밖에 없다.

매안리비에 따르면 △亥年에 26명의 干支가 △△村에 모였다고 한다. 26명의 간지가 △△村에 모여 무엇을 하였는지는 비문에 언급되어 있지 않은데, 기왕에는 국가적인 중대사를 논의하였다고 이해하거나(金相鉉 1989, 152; 안홍좌 2018, 230) 모종의 커다란 사건으로 대가야의 수장들이 공동으로 대응하기 위해 이곳에 모여 회합을 가졌고 거기서 결정된 사항을 비석에 새겨 맹세한 것으로 추정하였다(선석열 1997, 66; 백승옥 2003b, 105; 2014, 454). 26명의 干支가 한자리에 모인 것으로 보아 모종의 논의가 이루어졌다는 점은 충분히 상정할 수 있을 듯하다. 중요한 것은 '모종'의 논의가 무엇이었는지를 밝히는 것인데, 이를 위해 우선 6세기 대가야의 정세를 고려할 필요가 있다.

C-1. (513년) 겨울 11월 辛亥 초하루 乙卯에 朝庭에서 백제의 姐彌文貴 장군과 斯羅의 汶得至, 安羅의 辛已奚 및 賁巴委佐, 伴跛의 旣殿奚 및 竹汶至 등을 불러 칙서[恩勅]를 내려 己汶과 滯沙를 百濟國에 주었다. 같은 달 伴跛國이 戢支를 보내 진귀한 보물을 바치고 己汶의 땅을 요청하였으나 끝내 주지 않았다.[40]

C-2. (516년) 여름 5월 백제가 前部의 木刕不麻甲背를 보내 物部連 등을 己汶에서 맞아 위로하고 入國을 인도하였다. …(중략)… 가을 9월 백제가 州利卽次 장군을 物部連에 딸려 보내와서 己汶의 땅을 준 것에 사례하였다.[41]

C-3. (529년) ①봄 3월 백제 왕이 下哆唎의 國守 穗積押山臣에게 이르기를, "무릇 조공하는 使者는 늘 해안의 험한 절벽〈해안의 들쑥날쑥한 험한 절벽을 말한다. 속칭 미사키[美佐祁]라고 한다〉을 피하느라 매번 風波로 힘이 듭니다. 이로 인해 가지고 간 물건이 젖고 모두 망가져서 겸연쩍고 부끄럽습니다. 청컨대 加羅의 多沙津을 臣이 조공하는 나룻길로 삼고자 합니다"라고 하였다. 이에 押山臣이 (백제 왕의) 청을 듣고 (천황에게) 아뢰었다. 같은 달 物部伊勢連父根과 吉士老 등을 보내 (多沙)津을 백제 왕에게 주었다. 이에 加羅 王이 勅使에게 이르기를, "이 津은 官家를 둔 이래로 臣이 조공하던 나루입니다. 어찌 갑자기 바꾸어서 이웃 나라에 줄 수 있으며, 처음에 지역을 제한하여 내려준 바를 어기고자 합니까"라고 하였다. 勅使인 父根 등

....

40 "冬十一月辛亥朔乙卯, 於朝庭, 引列百濟姐彌文貴將軍, 斯羅汶得至, 安羅辛已奚及賁巴委佐, 伴跛旣殿奚及竹汶至等, 奉宣恩勅. 以己汶·滯沙, 賜百濟國. 是月 伴跛國遣戢支獻珍寶, 乞己汶之地, 而終不賜"(『日本書紀』卷17, 繼體天皇 7年條).

41 "夏五月, 百濟遣前部木刕不麻甲背, 迎勞物部連等於己汶, 而引導入國. …(중략)… 秋九月, 百濟遣州利卽次將軍, 副物部連來, 謝賜己汶之地"(『日本書紀』卷17, 繼體天皇 10年條).

이 이로 인해 면전에서 주기 곤란하여 큰 섬으로 돌아가 별도로 錄史를 보내 마침내 扶餘(백제를 가리킴)에게 주었다. ②이로 말미암아 加羅가 신라와 한편이 되어 일본을 원망하였다. ③가라 왕은 신라의 왕녀와 혼인하여 드디어 자식을 낳았다. 신라가 처음에 왕녀를 보낼 때 100명을 함께 보내 왕녀의 시종으로 삼았다. (이들을) 받아들여 여러 縣에 나누어 배치하고 신라의 衣冠을 착용토록 하였다. 阿利斯等이 옷을 바꾸어 입은 것에 성을 내며 사자를 보내 (그들을) 불러서 돌아가게 하였다. 신라가 매우 부끄러워하며 뒤집어서 왕녀를 돌아오게 하려고 말하기를, "전에 그대의 청혼을 받아들여 내가 곧 혼인을 허락하였으나 지금 이미 (일이) 이와 같아졌으니, 왕녀를 돌려보내기를 청한다"고 하였다. 가라의 己富利知伽〈자세하지 않다〉가 답하여 이르기를, "짝을 지어 부부가 되었는데 어찌 다시 떨어질 수 있겠습니까. 또한 자식이 있으니 버리고 어찌 갈 수 있겠습니까"라고 하였다. (신라는) 마침내 지나는 길에 刀伽, 古跋, 布那牟羅의 세 성을 쳐서 빼앗았고 또 북쪽 경계의 다섯 성을 쳐서 빼앗았다.[42]

사료 C-1은 513년 己汶과 滯沙 지역에 백제의 영향력이 미치기 시작하였음을 상징적으로 보여주는데, 516년 백제 관료가 왜의 사절인 物部連을 기문에서 맞는 것으로 보아(C-2) 기문과 대사 지역은 513년에서 그리 머지않은 시점에 백제의 영역으로 완전히 편입된 것으로 추정된다.[43]

....

42 "春三月, 百濟王謂下哆唎國守穗積押山臣曰, 夫朝貢使者, 恒避嶋曲〈謂海中嶋曲崎岸也. 俗云美佐祁〉, 每苦風波. 因玆, 濕所齎, 全壞無色. 請, 以加羅多沙津, 爲臣朝貢津路. 是以, 押山臣爲請聞奏. 是月, 遣物部伊勢連父根·吉士老等, 以津賜百濟王. 於是, 加羅王謂勅使云, 此津, 從置官家以來, 爲臣朝貢津涉. 安得輒改賜隣國, 違元所封限地. 勅使父根等, 因斯, 難以面賜, 劫還大嶋, 別遣錄史, 果賜扶餘. 由是, 加羅結儻新羅, 生怨日本. 加羅王娶新羅王女, 遂有兒息. 新羅初送女時, 幷遣百人, 爲女從. 受而散置諸縣, 令着新羅衣冠. 阿利斯等, 嗔其變服, 遣使徵還. 新羅大羞, 翻欲還曰, 前承汝聘, 吾便許婚, 今旣若斯, 請還王女. 加羅己富利知伽〈未詳〉報云, 配合夫婦, 安得更離. 亦有息兒, 棄之何往. 遂於所經, 拔刀伽·古跋·布那牟羅, 三城. 亦拔北境五城."(『日本書紀』卷17, 繼體天皇 23年條).

43 백제의 기문·대사 지역 진출과 관련해서는 위가야(2016); 장미애(2020) 참조.

己汶과 滯沙의 위치에 대해서는 그동안 여러 논의가 있었는데, 근래에는 섬진강 일대에서 양자의 위치를 비정하는 경향이 두드러진다.[44] 섬진강 유역은 479년 대가야가 독자적으로 南齊에 사신을 파견할 때 활용할 정도로(田中俊明 1992, 74-75) 고령에서 남해안으로 연결되는 중요한 교통로였다. 이러한 지역이 6세기 전반 이래 백제의 영향력 아래에 놓이게 되었고, 사료 C-3-①에 언급되어 있듯이 급기야 529년에는 오랫동안 왜와의 교역 항구였던 하동의 多沙津마저 백제의 수중에 넘어가고 말았다. 이에 가라, 즉 대가야가 신라와 한편이 되어 일본을 원망하였다고 한 데서(C-3-②) 엿볼 수 있듯이, 이러한 일련의 상황에 대한 대가야의 반발은 상당하였던 것으로 짐작된다.

비슷한 시기 신라도 낙동강 유역을 중심으로 대가야를 서서히 압박해 오고 있었다. 특히 532년 仇衡王이 투항하기 이전부터 신라는 군사적·외교적 측면에서 금관가야를 병합하기 위해 부단히 노력하였다(平野邦雄 1978, 133-134). 예안리 고분군을 제외하면 가야 토기 일색이던 김해 지역의 분묘에서 5세기 후반~말부터 신라 양식 토기가 출현하는 현상(李熙濬 1998, 147-148)도 그러한 추론을 뒷받침한다. 이와 관련해 524년 신라 법흥왕이 南境의 개척한 지역을 돌아볼 때 가야 국왕이 찾아와서 만났다는 기사[45]가 주목되는데, 이때의 南境과 가야 국왕에 대해서는 다양한 견해가 있지만 전후의 사정을 고려하면 금관가야와 연관될 가능성이 높다(平野邦雄 1978, 131; 朱甫暾 1982, 170-171; 延敏洙 1990, 129-130; 白承忠 1996, 27). 기왕에는 이 기사를 금관가야 왕의 사실상 항복 의사 표시 내지 服屬儀禮로 추정하고 실질적으로 금관가야가 신라에 복속된 것으로 판단하였는데(朱甫暾 1982, 171; 延敏洙 1990, 130), 이렇게까지 볼 수 있을지는 모르겠으나 금관가야가 정치적 독자성을 상실하였음을 보여주는

....

44 기문과 대사의 위치 비정과 관련한 그동안의 논의는 장미애(2020, 55-60) 참조.

45 "秋九月, 王出巡南境拓地, 加耶國王來會"(『三國史記』卷4, 新羅本紀4 法興王 11年條).

사례로 이해하는(白承忠 1996, 30) 정도가 무난하다고 생각한다.

이렇듯 5세기에 들어와 백제는 東進을 거듭하며 섬진강 일대를 세력권에 넣었고, 신라는 금관가야를 비롯해 남부 지역에 위치한 가야를 병합하기 위해 영향력을 확대해 나가고 있었다. 백제와 신라가 협공하는 상황은 대가야에게 대단히 위협적으로 다가왔을 법하다. 더욱이 대가야는 일찍부터 신라에 복속된 대구와 성주 지역[46]을 배후에 두고 있어서 신라의 군사적 사정거리 내에 들어 있었다.[47] 대가야는 이러한 위기 상황을 C-3-③에 언급되어 있는 것처럼 신라 왕실과의 혼인을 통해 타개하려 한 것으로 보인다. C-3-③에는 대가야 왕과 신라 왕녀 사이의 혼인이 529년에 이루어진 것처럼 기술되어 있지만, 『삼국사기』에는 법흥왕 9년(522) "가야 국왕이 사신을 보내 혼인을 청하자 왕이 伊湌 比助夫의 누이동생을 보냈다"고 되어 있다.[48] 전반적인 상황을 고려하면 후자가 타당한 듯한데(白承忠 1996, 5), 522년 대가야가 신라에 사신을 보내 먼저 혼인을 청한 데서 당시 급박했던 대가야의 정세가 드러난다.

대가야는 신라 왕실과의 혼인으로 백제의 東進을 견제하는 한편 신라의 진출을 저지코자 하였고, 신라는 내부 분열을 통해 대가야를 잠식하려 하였기 때문에 양국 간의 혼인이 성립될 수 있었다(延敏洙 1990, 122-123; 白承忠 1996, 5-7; 신가영 2013, 174; 유우창 2017, 337-338). 백제–신라의 위협에 대한 대가야의 이 같은 대응 방식은 이후에도 견지되었던 것 같다. 이와 관련해 대가야와 신라가 늘 우호적이지는 않았고 529년 이후 대가야가 백제에 의지하여 신라와의 관계를 단절하였다고 파악한 그동안의 이해는 재고를 요하며, 신라·백제가 모두 가야 지역으로 진출하

....

46 대구와 성주 지역이 신라로 복속된 시점은 대체로 4세기 중반~후반으로 이해되고 있다[朱甫暾 1996(1998, 405-415); 金昌鎬 1996, 137; 朱甫暾 2013, 16-23; 김세기 2014, 21-24].

47 延敏洙(1990, 122). 단, 그가 6세기 초에 성주·대구 방면이 신라의 세력권 아래에 흡수되었다고 본 것은 재고를 요한다.

48 "春三月, 加耶國王遣使請婚, 王以伊湌比助夫之妹送之"(『三國史記』 卷4, 新羅本紀4 法興王 9年 條).

고 있는 상황에서 대가야는 하나의 세력을 택하기보다 양국의 관계를 가급적 부드럽게 유지하면서 자구책을 마련하고자 하였다는 견해(신가영 2013, 175-177)는 주목할 만하다. 아무튼 매안리비는 이처럼 백제와 신라가 양쪽에서 가야 지역을 세력화해 나가는 상황 속에서 건립되었음을 염두에 둘 필요가 있다.

앞서 살펴보았듯이 매안리 일대는 水路로 고령으로 연결되기는 하지만 고령에서 다른 지역으로 이동하는 교통로상에 위치한다고 보기는 힘들다. 오히려 야로면으로 연결되는 길을 제외하면 매안리 일대는 사방이 높은 산으로 둘러싸인 일종의 고립된 분지에 가깝다. 이처럼 궁벽진 곳에서 대가야의 여러 간지들이 모인 목적은 과연 무엇일까. 이와 관련해 아무래도 가야면과 야로면이 철산지였다는 사실을 먼저 떠올리게 된다.

가야면과 야로면 일대에는 '대장말뚝', '쇠내', '쇠똥만디', '쇠못' 등 철과 관련된 여러 지명이 남아 있으며, 매안리의 남쪽에 위치한 성기리 야동마을 뒷산에서는 야철지가 확인되었고 매안리의 서쪽에 위치한 비계산 정상에는 철광석이 많이 매장되어 있다고 한다(李明植 1995, 77; 金貞淑 1995, 106; 盧重國 1995, 164-165). 그리고 매안리비가 위치한 가야면 구미리에도 '쇳골'이란 지명이 전하며, 구미리 인근의 가천리와 매화리에도 쇠와 관련된 다양한 전승이 확인된다(정호완 2002, 134-139). 아쉽게도 현재까지 가야면과 야로면에서 조사된 제철 관련 유적 가운데 대가야와 관련지을 수 있는 것은 없다. 그렇지만 지금의 가야면과 야로면을 합친 지역이 대가야 때 '赤火'로 불렸고, 경덕왕 때 '冶爐'로 개칭되었다는 사실[49]을 간과해서는 안 된다. '赤火'의 '赤'은 크다는 의미의 '大'와 불을 뜻하는 '火'가 결합된 글자로 용암이 분출하였거나 철을 생산하는 철광 또는 제철소가 있었음을 암시하며, 개칭된 지명인 冶爐는 대장간에서 철을

....

49   "冶爐縣, 本赤火縣, 景德王改名, 今因之."(『三國史記』卷34, 雜志3 地理1 高靈郡條)

불리는 爐 내지 불을 피울 때 바람을 일으키는 도구인 풀무를 뜻한다.[50] 이와 같이 대가야 당대의 지명인 '赤火'를 통해 매안리 일대가 철산지로 기능하였음을 확인되며,[51] 이후에는 동일한 의미의 '冶爐'라는 지명으로 그 명맥이 이어졌다.

    매안리 일대가 대가야의 철산지였다는 점도 중요하지만, 여기서 더 주목하려는 것은 대부분의 연구자들이 대가야의 성장 기반을 가야면·야로면 일대의 철산지 개발에서 찾고 있다는 사실이다[金泰植 1992(1993, 93-94); 盧重國 1995, 165쪽; 朴天秀 1996, 387; 金世基 2000(2003, 222, 226); 白承玉 2001(2003a, 132-133); 李炯基 2002(2009, 110-112); 盧重國 2004, 28-29]. 가야면·야로면 일대의 철산지가 개발되기 시작한 시점이 4세기인지 5세기인지는 의견이 엇갈리지만,[52] 철산지의 개발을 통한 양질의 무기와 농기구의 제작이 대가야의 비약적 성장을 견인하였다는 점에 대해서는 견해가 일치한다. 매안리 일대의 이러한 입지적 요인과 대가야사에서의 의미를 생각하면 매안리비가 위치한 곳을 단지 대가야의 변두리로 치부해서는(주보돈 2014, 42) 곤란하다.

    이처럼 백제와 신라 양국이 대가야를 점점 압박해오는 상황에서 대가야의 여러 간지들이 철산지에 모였다는 점은 결국 철제 무기의 수급을 비롯한 전쟁 상황에 대비한 일련의 태세를 점검하고 논의하기 위한 데 있었음을 말해주는 것이 아닐까 한다. 그리고 그 결과를 거대한 비에 새겨 국가적 위기 상황을 극복하려는 결연한 의지를 재차 다진 것으로 보인다. 기왕에는 매안리에 모인 간지를 대가야 연맹에 소속된 이들로 확장시켜

....

50   정호완(2002, 131). '冶爐'의 사전적 의미는 국립국어원 누리집에서 검색 서비스를 제공하는 『표준국어대사전』을 활용해 파악하였다.

51   대가야의 제철 유적은 합천은 물론이고 고령에서도 아직 발견된 적이 없는데, 최근 고령 송림 리 토기 가마를 발굴하는 과정에서 송풍관으로 추정되는 토기편이 여러 점 출토되었다(대가 야박물관·국립김해박물관 2019, 110-113). 이는 대가야의 영역 내에 제철 유적이 존재하였음 을 뒷받침한다는 점에서 주목된다.

52   노중국(1995, 165)은 가야면·야로면의 철산지 개발을 4세기 대로 보는 반면, 김태식(1993, 93-94)은 5세기 초로 파악하고 있다.

파악하기도 하였는데(田中俊明 1992, 168; 백승충 2000, 329), 이를 따른다면 대가야 연맹에 소속된 가야 諸國이 대가야의 위기 상황에 공동으로 대응하였다고 볼 여지가 생긴다. 하지만 과연 그와 같은 연맹이 실존하였는지도 의문이거니와, 매안리비의 간지는 대가야 지배층으로 한정하는 것이 타당하다고 생각된다. 그동안은 여러 간지들이 매안리에 모인 이유를 국가적 중대사 또는 모종의 사건에 따른 대응책을 논의하기 위해서라고 다소 막연하게 설명해 왔는데, 이제 회합과 建碑의 배경이 한층 선명하게 밝혀진 셈이다.

그런데 비의 네 면을 잘 다듬었음에도 불구하고 전면의 우측 일부에만 글자를 새긴 것으로 미루어 매안리비는 건립 과정에서 중단되었을 가능성도 있다. 이 점은 앞서도 언급하였는데, 만일 매안리비가 비에 글자를 새기는 과정에서 중단되었다면 그것은 백제나 신라의 대가야 침공이 그만큼 급박하게 전개되었음을 방증한다. 혹 매안리비의 △亥年을 乙亥年으로 보고[53] 555년에 비가 건립되었다고 한다면, 그러한 추론은 더욱 설득력을 갖게 된다. 왜냐하면 늦어도 550년을 전후한 무렵에는 합천의 황강 수계나 남강 수계에 위치한 지역이 사실상 신라의 영향력 아래에 들어가면서[54] 대가야가 받았을 압박감은 이전과는 차원을 달리하였을 것으로 여겨지기 때문이다. 하지만 매안리비의 △亥年의 △는 판독이 어려운 상황이므로 더 이상은 추론은 하지 않기로 한다.

요컨대 6세기에 들어와 백제와 신라는 양쪽에서 점진적으로 대가야의 영역을 잠식해 왔다. 이에 干支로 불린 지배층은 대가야의 성장 기반이었던 철산지에서 당시의 정세를 논의하며 철제 무기의 수급 상황을 점

....

53 실제로 매안리비의 발견 당시 한국고대사연구회 회원들과 공동으로 글자를 조사하는 과정에서 첫 번째 글자를 '乙'자로 판독한 이도 있었다는 점(金相鉉 1989, 148)이 참고된다.
54 이희준 2014(2017, 302-304)에 의하면, 합천 삼가 고분군이나 저포리 고분군, 옥전 고분군 등에서 늦어도 550년을 전후한 무렵부터 신라 양식 토기가 부장되는 양상이 나타나며 이는 곧 해당 지역의 신라 편입을 의미한다고 하였다.

검하는 등 대응책을 모색하였던 것으로 이해된다. 매안리비는 바로 대가야 간지들의 회합 결과를 기록한 동시에 국가적 위기 상황을 극복하려는 의지의 소산이었으나 완성에 이르지는 못하였다. 이는 그만큼 대가야를 둘러싼 주변 정세가 급박하게 전개되었음을 뒷받침한다.

V. 맺음말

합천 매안리비는 삼국시대의 비석임에도 불구하고 유달리 연구자들의 주목을 받지 못하였다. 이는 기본적으로 매안리비가 가야비인지 아니면 신라비인지에 대한 문제가 명쾌하게 해결되지 못한 데서 비롯된 면이 크다고 생각된다. 따라서 이 글에서는 매안리비의 건립 주체를 밝히는 데 초점을 두고 논의를 전개하였다.

앞서 논의한 바와 같이 매안리비는 507~555년 사이의 어느 시점에 대가야가 건립하였음이 밝혀졌다. 그리고 매안리비가 건립될 무렵은 백제와 신라가 대가야의 영역을 침공하며 지속적으로 자국의 세력권을 넓혀가고 있었다. 이 같은 시대적 상황 속에서 매안리 일대가 대가야의 성장 기반이 된 철산지라는 점에 주목하였다. 그리고 매안리비는 네 면이 모두 잘 다듬어져 있음에도 불구하고 글자는 전면의 우측에 치우쳐 일부만 새겨져 있어서 비의 건립이 중간에 중단되었을 가능성도 함께 고려하였다. 그 결과 수십 명의 干支들이 매안리에 모인 목적은 국가적 위기 상황에 대가야의 성장 기반이었던 철산지에서 철제 무기의 수급 상황 등을 점검하고 대응책을 모색하기 위한 데 있었다고 보았다. 나아가 매안리비는 干支들의 회합 결과를 기록한 동시에 국가적 위기를 극복하려는 대가야 지배층의 의지의 산물로 이해하였다. 하지만 비의 건립을 완성하지 못한 것은 그만큼 당시의 정세가 급박하게 전개되었음을 말해준다고 생각하였다.

　이러한 결론을 놓고 보면 대가야가 문자 통치를 하는 단계에까지 이르렀다고 여길 수도 있다. 최근 대가야 권역 내에서 확인되는 각종 명문 토기와 가야비(매안리비)의 존재 등으로 미루어 대가야가 문자 행정을 실시하였을 가능성이 제기되었는데(백승옥 2019, 214), 이 점에서도 매안리비의 명문은 찬찬히 음미할 필요가 있다.

　요 몇 년 사이의 고고학적 조사를 통해 가야에는 석축 산성이 없었다는 학계의 통설이 깨진 것을 비롯해 가야 기와의 존재 가능성도 새롭게 인식되고 있다(李永植 2017, 29-31). '下部思利利'銘 단경호에 새겨진 다섯 글자가 가야의 部體制 논의를 촉발시킨 사실은 잘 알려져 있다. 이를 감안하면 그동안 매안리비에 대한 연구가 활성화되지 못한 점은 여러 측면에서 안타까움이 느껴진다. 이제부터라도 매안리비에 새겨진 14자의 중요성을 다시금 인식하고 거기에 담긴 함의를 정치하게 분석한다면, 대가야의 정치와 사회 등 지배 구조를 밝히는 데 한 걸음 더 다가갈 수 있지 않을까 한다. 이 글이 매안리비에 대한 관심을 환기시키기는 데 미력이나마 보탬이 되었으면 하는 바람이다.

참고문헌(발행순)

末松保和, 1936, 「梁書新羅傳の啄評について」, 『靑丘學叢』 25(1954, 『新羅史の諸問題』, 東洋文庫에 재수록).

三品彰英, 1963, 「骨品制社會」, 『古代史講座』 7, 學生社.

李丙燾, 1972, 「蘇那曷叱智考」, 『日本書紀研究』 6, 塙書房(1985, 『韓國古代史研究』(修訂版), 博英社에 재수록).

文暻鉉, 1973, 「辰韓의 鐵産과 新羅의 强盛」, 『大丘史學』 7·8(1983, 『新羅史研究』, 慶北大學校出版部에 재수록).

鬼頭淸明, 1974, 「加耶諸國の史的發展について」, 『朝鮮史研究會論文集』 11(1976, 『日本古代國家の形成と東アジア』, 校倉書房에 재수록).

武田幸男, 1977, 「金石文資料からみた新羅官位制」, 『江上波夫教授古稀記念論集(歷史篇)』.

平野邦雄, 1978, 「繼體·欽明紀의 對外關係記事」, 『古代東アジア史論集(下卷)』(末松保和博士古稀記念会 編), 吉川弘文館.

李文基, 1981, 「金石文資料를 통하여 본 新羅의 六部」, 『歷史教育論集』 2.

朱甫暾, 1982, 「加耶滅亡問題에 대한 一考察-新羅의 膨脹과 關聯하여-」, 『慶北史學』 4.

金光洙, 1983, 『高句麗 古代集權國家의 成立에 관한 硏究』, 延世大學校 大學院 博士學位論文.

朱甫暾, 1985, 「雁鴨池出土 碑片에 대한 一考察」, 『大丘史學』 27(2002, 『금석문과 신라사』, 지식산업사에 재수록).

國史編纂委員會, 1986, 『국역 中國正史 朝鮮傳』.

蔡尙植, 1987, 「4號墳 出土 土器의 銘文」, 『陜川苧浦里E地區遺蹟』, 釜山大學校博物館.

任世權, 1989, 「蔚珍鳳坪新羅碑의 金石學的 考察」, 『韓國古代史研究』 2.

金昌鎬, 1989, 「伽耶 지역에서 발견된 金石文 자료」, 『鄕土史研究』 1.

金相鉉, 1989, 「陜川 梅岸里 古碑에 對하여」, 『新羅文化』 6.

金泰植, 1990, 「가야의 사회발전단계」, 『한국 고대국가의 형성』, 民音社.

鈴木靖民, 1990, 「六世紀의 朝鮮三國과 伽耶와 倭」, 『東アジアの古代文化』 62.

延敏洙, 1990, 「六世紀前半 加耶諸國을 둘러싼 百濟·新羅의 動向-소위 「任那日本府」說의 究明을 위한 序章-」, 『新羅文化』 7.

金泰植, 1992, 『加耶諸國聯盟의 成立과 變遷』, 서울大學校 大學院 博士學位論文(1993, 『加耶聯盟史』, 一潮閣에 재수록).

田中俊明, 1992, 『大加耶聯盟の興亡と「任那」-加耶琴だけが殘った-』, 吉川弘文館.

白承忠, 1992, 「于勒十二曲의 해석문제」, 『韓國古代史論叢』 3.

盧重國, 1992, 「迎日 冷水里碑」, 『譯註 韓國古代金石文』 II(신라1·가야 편), 駕洛國史蹟開發研究院.

李文基, 1992, 「蔚州 川前里書石」, 『譯註 韓國古代金石文』 II(신라1·가야 편), 駕洛國史蹟開發研究院.

李文基, 1992, 「陜川 梅岸里碑」, 『譯註 韓國古代金石文』 II(신라1·가야 편), 駕洛國史蹟開

發研究院.

金昌鎬, 1995, 「大伽耶의 金石文 資料」, 『伽倻文化』 8.

金貞淑, 1995, 「大伽耶의 성립과 발전」, 『加耶史研究-대가야의 政治와 文化-』, 慶尙北道.

盧重國, 1995, 「大伽耶의 政治·社會構造」, 『加耶史研究-대가야의 政治와 文化-』, 慶尙北道.

李明植, 1995, 「大伽耶의 歷史·地理的 環境과 境域」, 『加耶史研究-대가야의 政治와 文化-』, 慶尙北道.

李文基, 1995, 「大伽耶의 對外關係」, 『加耶史研究-대가야의 政治와 文化-』, 慶尙北道.

李熙濬, 1995, 「토기로 본 大伽耶의 圈域과 그 변천」, 『加耶史研究-대가야의 政治와 文化-』, 慶尙北道(2017, 『대가야고고학연구』, 사회평론아카데미에 재수록).

朱甫暾, 1995, 「加耶史의 새로운 定立을 위하여」, 『加耶史研究-대가야의 政治와 文化-』, 慶尙北道.

李永植, 1995, 「六世紀 安羅國史 研究」, 『國史館論叢』 62(2016, 『가야제국사연구』, 생각과 종이에 재수록).

全德在, 1995, 『新羅 六部體制 研究』, 서울대학교 大學院 博士學位論文(1996, 『新羅六部體制研究』, 一潮閣에 재수록).

朴天秀, 1996, 「大伽耶의 古代國家 形成」, 『碩晤尹容鎭教授停年退任紀念論叢』.

白承忠, 1996, 「加羅·新羅 '결혼동맹'의 결렬과 그 추이」, 『釜大史學』 20.

朱甫暾, 1996, 「新羅國家形成期 大邱社會의 動向」, 『韓國古代史論叢』 8(1998, 『新羅 地方統治體制의 整備過程과 촌락』, 신서원에 재수록).

金昌鎬, 1996, 「古墳 자료로 본 大邱 지역의 新羅에의 統合」, 『考古歷史學志』 11·12.

小島憲之 외 校注·譯, 1996, 『日本書紀』 1-2, 小學館.

선석열, 1997, 「고대 銘文의 해독과 분석」, 『유물에 새겨진 古代文字』(도록), 부산광역시립박물관.

李熙濬, 1998, 「김해 禮安里 유적과 新羅의 낙동강 西岸 진출」, 『韓國考古學報』 39.

白承玉, 1999, 「加羅 擬制縣의 존재와 그 정치적 성격-국가적 성격 논의와 관련하여-」, 『伽倻文化』 12(2003a, 『加耶 各國史 研究』, 혜안에 재수록).

李鎔賢, 1999, 『加耶と東アジア諸國: 日本書紀關連記事を中心に』, 國學院大學 博士學位論文(2007, 『가야제국과 동아시아』, 통천문화사).

金世基, 2000, 『古墳資料로 본 大加耶』, 啓明大學校 大學院 博士學位論文(2003, 『고분 자료로 본 대가야 연구』, 학연문화사에 재수록).

조영현 외, 2000, 「합천군 문화유적의 조사연구」, 『陝川地域의 歷史와 文化』, 陝川文化院·啓明大學校 韓國學研究院.

金泰植, 2000, 「加耶聯盟體의 性格 再論」, 『韓國古代史論叢』 10.

백승충, 2000, 「가야의 정치구조-'부체제' 논의와 관련하여-」, 『韓國古代史研究』 17.

李炯基, 2000, 「大加耶의 聯盟構造에 대한 試論」, 『韓國古代史研究』 18.

李鎔賢, 2000, 「中原高句麗碑와 新羅의 諸碑」, 『高句麗研究』 10.

朱甫暾, 2000, 「咸安 城山山城 出土 木簡의 基礎的 檢討」, 『韓國古代史研究』 19(2002, 『금석문과 신라사』, 지식산업사에 재수록).

白承玉, 2001, 『加耶 各國의 成長과 發展에 관한 硏究』, 釜山大學校 大學院 博士學位論文 (2003a, 『加耶 各國史 硏究』, 혜안에 재수록).

鄭求福 外, 2001, 『譯註 三國史記 1~4』(修訂 再版), 韓國精神文化硏究院.

李炯基, 2002, 『大加耶의 形成과 發展 연구』, 嶺南大學校 大學院 博士學位論文(2009, 『大加耶의 形成과 發展 硏究』, 景仁文化社에 재수록).

정호완, 2002, 「합천(陜川) 지명과 철기문화의 상관성」, 『우리말글』 26.

백승옥, 2003b, 『가야사 기초자료 연구』, 세종출판사.

李熙濬, 2003, 「합천댐 수몰지구 고분 자료에 의한 대가야 국가론」, 『가야 고고학의 새로운 조명』, 혜안(2017, 『대가야고고학연구』, 사회평론아카데미에 재수록).

盧重國, 2004, 「大加耶의 성장 기반-4세기를 중심으로-」, 『大加耶의 成長과 發展』, 고령군·한국고대사학회.

李永植, 2004, 「大加耶의 國際關係」, 『大加耶의 遺蹟과 遺物』, 大加耶博物館(2016, 『가야제국사연구』, 생각과종이에 재수록).

백승충, 2006, 「'下部思利利' 명문과 가야의 部」, 『역사와 경계』 58.

申鍾煥, 2006, 「陜川 冶爐와 製鐵遺蹟」, 『陜川 冶爐 冶鐵址-試掘調査 報告書-』, 慶南考古學硏究所.

朱甫暾, 2007, 「韓國 古代 村落史硏究의 進展을 위하여-新羅를 중심으로-」, 『韓國古代史硏究』 48.

李文基, 2010, 「新羅의 大加耶 故地 支配에 대하여」, 『歷史敎育論集』 45.

尹星鎬, 2011, 「新羅의 大加耶 복속 과정에 대한 재검토」, 『韓國史硏究』 155.

노중국, 2012, 「대가야사 연구의 진전을 위한 몇 가지 試論」, 『대가야사 연구의 현황과 과제』, 고령군 대가야박물관·계명대학교 한국학연구원.

강용수, 2013, 「자연환경」, 『陜川郡史』 1(자연환경과 역사), 陜川郡史編纂委員會.

신가영, 2013, 「대가야 멸망 과정에 대한 새로운 이해-'加耶叛' 기사를 중심으로-」, 『韓國古代史硏究』 72.

朱甫暾, 2013, 「古代社會 星州의 향방」, 『新羅文化』 42.

김세기, 2014, 「고분자료로 본 삼국시대 성주지역의 정치적 성격」, 『新羅文化』 43.

주보돈, 2014, 「가야사 관련 사료」, 『가야문화권 실체 규명을 위한 학술연구』, 가야문화권 지역발전 시장·군수협의회.

백승옥, 2014, 「가야의 언어와 문자, 제사, 음악, 습속」, 『가야문화권 실체 규명을 위한 학술연구』, 가야문화권 지역발전 시장·군수협의회.

이희준, 2014, 「고고학으로 본 가야」, 『가야문화권 실체 규명을 위한 학술연구』, 가야문화권 지역발전 시장·군수협의회(2017, 『대가야고고학연구』, 사회평론아카데미에 재수록).

김권일, 2015, 「대가야 鐵의 생산과 유통 추론」, 『대가야 문물의 생산과 유통』, 고령군 대가야박물관·영남문화재연구원.

南豊鉉, 2015, 「加耶語에 대하여」, 『口訣硏究』 35.

윤선태, 2015, 「신라 京位 干群 官等의 語源과 성립과정」, 『新羅文化』 45.

위가야, 2016, 「백제의 기문·대사 진출과정에 대한 재검토-513년 국제회의의 실상을 중심으로-」,『史林』58.

정현숙, 2016,『신라의 서예』, 다운샘.

李永植, 2017,「가야사의 문헌사적 연구 현황과 과제」,『가야문화권 조사·연구 현황과 과제』, 문화재청·국립문화재연구소.

유우창, 2017,「6세기 加羅의 對 羅·濟 관계」,『韓國古代史硏究』88.

윤선태, 2017a,「월성 해자 목간의 연구 성과와 신출토목간의 판독」,『동아시아 고대 도성의 축조의례와 월성해자 목간』, 국립경주문화재연구소·한국목간학회.

윤선태, 2017b,「함안 성산산성 출토 신라목간의 연구 성과와 전망」,『韓國의 古代木簡』 II, 국립가야문화재연구소.

김세기, 2017,「대가야 고대국가론」,『쟁점 대가야사 대가야의 국가발전 단계』, 고령군 대가야박물관·대동문화재연구원.

주보돈, 2017,「가야사의 체계적 이해를 위한 提言」,『쟁점 대가야사 대가야의 국가발전 단계』, 고령군 대가야박물관·대동문화재연구원.

小倉慈司·三上喜孝 編, 2018,『古代日本と朝鮮の石碑文化』, 朝昌書店.

이영식, 2018,「가야제국의 발전단계와 초기고대국가론」,『韓國古代史硏究』89.

안홍좌, 2018,「가야 기록」,『가야사총론』(가야고분군 연구총서 1), 가야고분군 세계유산 등재추진단.

남재우, 2018,「가야의 기록에 대한 이해」,『가야 자료 총서』1(가야 문헌 사료편), 국립가야문화재연구소.

박천수, 2018,「가야의 국가형성과 문명의 역사적 의의」,『가야문명사』, 진인진.

이현태, 2018,『가야문화권의 문자자료』, 국립김해박물관.

대가야박물관·국립김해박물관, 2019,『대가야 토기공방, 고령 본점과 창원 분점』(도록).

백승옥, 2019,「영·호남 경계지역 가야 정치체의 성격」,『百濟學報』30.

정재영·최강선, 2019,「무술오작비 3D스캔 판독」(2019년 12월 구결학회 월례연구발표회 발표문).

장미애, 2020,「6세기 백제의 가야 진출에 대하여」,『韓國古代史硏究』97.

『嶺南日報』1989년 5월 4일자.
『한겨레신문』1989년 5월 31일자.

「합천 매안리비의 분석과 건립 배경」에 대한 토론문

김양훈 대성동고분박물관

이현태 선생님의 「합천 매안리비의 분석과 건립 배경」은 '매안리비' 연구의 한계가 상당히 있음에도 불구하고 논의의 場으로 이끌어 낸 노력이 절실하게 느껴지는 발표문이라고 생각됩니다. 이 발표문은 '매안리비'의 주요 쟁점에 대한 비판적인 검토를 통해 '매안리비'를 가야의 금석문으로 지정하고, '매안리비'의 '干支'와 '村'에 주목하여 대가야 사회의 여러 문제를 제기하고 살폈습니다. 토론자는 '매안리비'에 대한 이해가 부족하며, 대가야 사회의 성격 논의에 선뜻 나서기에는 충분한 공부가 되어 있지 않습니다. 오늘 이 자리에서는 여러 선생님께 배우는 자세로 토론에 임하고자 합니다. 아래에서는 이현태 선생님의 발표문을 읽으면서 느낀 몇 가지 생각을 말씀드리겠습니다.

첫째, '干支'가 561년에 건립한 '창녕 진흥왕 척경비'부터 보이지 않는 점을 주목하여 '매안리비'는 가라국 멸망 이전에 건립한 것으로 이해하였습니다. 하지만 일반적으로 578년에 건립된 것으로 보는 대구의 '무술오작비'에 "貴干支"로 새겨져 있습니다. 그렇다면 선생님의 방법론과 견주어 보면, '매안리비' 건립 시기는 가라국 멸망 이전으로 설정하는데 안정적이지 않습니다. 토론자는 '가라국의 매안리비'로 결정짓기 위해서는 보다 안정적인 자료를 바탕으로 하여 분석할 필요가 있을 것으로 생각됩니다.

둘째, '村'은 읍락에서 변화된 용어로서, 그 등장은 국가의 지방지배 본격화를 의미하며, 고구려는 '광개토왕비문'을 통해 5세기 이전부터, 신라는 503년에 건립된 '냉수리비'를 통해 6세기 초부터 사용한 것[1]이 일반적인 견해입니다. 그렇다면, '매안리비'를 가라국의 금석문으로 합리적으로 인정하기 위해서는 가야의 '村'이 언제부터, 어떤 계기로 사용되었는지 추론해볼 필요가 있을 것인데 이에 대하여 선생님의 생각이 궁금합니다.

셋째, '매안리비'의 26명 '干支'가 기록된 점을 바탕하여 '干支'를 촌락의 長에서 諸國의 수장에 이르기까지 통칭한 견해를 지지하고 있습니다. 諸國의 수장 등 지배층을 '干支'로 통칭한 점은 이해되지만, 정창원 신라촌락문서의 '村主位畓'을 보아, 8세기 촌락의 長을 '村主'로 칭하여 중앙의 '干'과 다르게 칭하는데, 6세기 당시 촌락의 長을 중앙 지배층과 동일하게 '干支'로 칭한 점은 선뜻 동의하기 어렵습니다. 이 점에 대하여 어떻게 생각하는지 궁금합니다.

넷째, 쌍림면 송림리 가마터, 야로면 철산지를 두고 매안리 일대를 王畿 지역으로 보고 있습니다. 왕도 주변의 한 지역을 王畿의 범위로 보기 위해서는 생산 유적보다 중앙과 비교되는 위계자료가 있어야 적절하지 않을까 생각됩니다. 한편, '매안리비'가 위치한 곳은 교통로상 고령과 직접 연결되지 않고, 오히려 높은 산지로 둘러싸여 타 지역과의 진출입이 쉽지 않는 분지입니다. 그럼에도 불구하고 26명의 '간지'가 매안리에 모인 점은 특별한 이유가 있을 것인데, 매안리의 위치와 '매안리비'의 건립 목적을 연계하여 검토해 보셨는지 궁금합니다.

다섯째, 한국고대사 연구에 있어 '干支'와 '村'은 고대국가의 정치구조 또는 지방 지배를 살펴보는 데 주로 언급합니다. '매안리비'를 가야의 금석문으로 본다면, '下部', '省熱縣' 등 가라국의 다른 자료와 연계하여 가라국의 정치체 성격이나 지방 지배 구조를 살펴 대가야 사회의 성격을 보다 구체적으로 설명할 수 있을 것인데, 이에 대하여 어떻게 생각하는지 궁금합니다.

....

1   주보돈, 2007, 「한국 고대 촌락사연구의 진전을 위하여」, 『한국고대사연구』 48.

4

대가야 '대왕'명 유개장경호의 문자 새로 보기

이동주 경북대학교 인문학술원 HK사업단 연구교수

I. 머리말

한국 고대사 연구의 가장 큰 난제는 당시 사회를 설명할 수 있는 사료가 턱없이 부족하다는 사실이다. 그나마 신라를 위시한 고구려, 백제는 가야에 견주어보면 관련 문헌이 부성한 편이다. 단언컨대 고대사에서 가야가 처한 연구 환경은 불모지에 가깝다. 이로 인해 가야사 연구는 각 소국의 거점에서 발굴되는 고고학적 물질자료를 바탕으로 각국사 연구로 진행되고 있는 듯하다. 그런데 뜻밖에도 발굴을 통해 문자 자료가 확인되기도 한다.[1] 출토 자료는 기본적으로 고고학의 영역이지만, 문자는 문헌에 해당되는 이중성을 가진다. 이에 일본에서는 기왕의 '문헌사학'을 대신하여 '文字情報史學'이란 용어까지 등장하였다(吉村武彦 2003, 102). 당대의 문자는 문헌에 버금가는 파급력을 가졌고, 크게 윤색되지 않는다는 점에서 이용 가치가 지대하다. 명문 유물은 그 자체로도 의미가 있지만, 문자가 새겨짐으로써 보다 큰 가치를 발휘하기 때문이다(李泳鎬 2004, 116).

문자자료의 출현을 통해 歷史像이 새로 그려지기도 한다. 예컨대 여기서 다룰 '대왕'명 유개장경호의 명문은 '왕 중의 왕'이라는 뜻이다. 대왕을 백제의 왕으로 보기도 하지만 주로 대가야의 성장과 관련지어 이해한다. 가야의 정치 수준이 소국을 넘어 중앙집권화된 영역 국가 혹은 그보다는 미약하지만 부체제 단계까지는 이르렀으므로 수장의 호칭도 격상되었다고 보는 것이다. 기실 6세기 중엽 가야 전체는 하나의 연맹을 이루었고, 대가야가 주도하였다. 이러한 배경을 바탕으로 대가야왕은 대내외에 대왕을 칭하였고, 그것을 뒷받침할 물질자료가 바로 '대왕'명 토기

....

1   가야의 문자자료는 韓國古代社會研究所 編(1992); 부산시립박물관 복천분관(1997); 국립청주박물관(2000); 이현태(2018) 등으로 집성되었다.

라는 것이다[李熙濬 1995(2017, 168)]. 한편 고령 가라국도 주변 諸國을 아우른 영역 국가, 즉 고대국가 수준까지 성장하였다는 견해도 이와 무관하지 않을까 싶다. 고령 양식, 곧 대가야 양식의 토기가 고령을 중심으로 합천, 거창, 함양, 남원, 장수, 하동 일원에까지 분포하고 있다. 이러한 토기의 분포 범위가 대가야의 영역을 반영하는 것이라면 연맹에서 영역 국가로 발전한 것으로 볼 수도 있겠다.

애당초 이러한 관점 아래 '대왕'명 토기를 매개로 대가야의 권역이나 통치 방식을 고찰해 보려고 하였다. 그러나 출토지를 단정하기 어려운 단 1점의 토기로 거대 담론을 전개한다면 역사학의 영역보다는 문학의 영역에 더 가까울 수 있겠다는 불안감이 엄습하였다. 그렇다고 뭔가 거창하게 판독을 새롭게 했다거나 대왕에 부응할 대가야의 관제 조직을 정치하게 밝힌 것도 아니다. 그저 개와 동체부에 새겨진 문자, '大'자의 삐침과 파임의 쓰임이 전혀 다른 사실에 주목해 보았을 따름이다. 토기의 개와 동체부가 세트가 맞는다면 동일인이 서사했을 것인데 왜 하필 서로 다른 서법을 구사했는지 궁금하였다.[2] 그래서 당대에 생산된 문자자료가 해당 실체를 어떻게 서술하고 묘사하는지를 정합적으로 분석해 볼 필요를 느꼈다.

여기서는 관련 연구 성과를 염두에 두면서 다음과 같이 구성해 보았다. II장에서는 토기의 출토지 문제를 다루었다. 이 토기는 정식 발굴을 통해 세상에 드러난 것이 아니다. 어느 시기에 도굴이 되어 대구 골동품점에서 유통되던 것을 1976년 윤무병이 구입하여 현재는 충남대학교 박물관에 소장되어 있다. 도굴꾼은 이 토기를 합천 삼가 고분군에서 도굴하

<hr />

2   종합토론에서 유개장경호의 개와 동체부가 색조 차이가 있으므로 과연 세트일까라는 질의가 있었다. 정확한 사실 관계는 도굴꾼만이 알 것이다. 다만 개와 구연부가 정확하게 결합된 점, 가마의 소성 위치에 따라 색조의 차이가 발생할 수 있다는 점을 감안하면 세트를 부정할 이유도 없다고 생각한다. 더구나 창녕 계성 고분군 출토 '대간'명 유개고배의 경우도 개와 동체부의 색조가 다르지만 세트임을 유념할 필요도 있겠다.

였노라고 증언한 바 있다.[3] 과연 삼가 고분군이 '대왕'명 토기의 출토지에 부합하는지에 대한 검토가 필요하다. III장에서는 左書와 右書가 혼재된 문자의 양상을 검토해 보았다. 개의 문자는 좌서, 곧 왼손으로 쓴 것처럼 문자의 방향이 거꾸로 되어 있고 동체부의 문자는 바르게 되어 있다. 좌우서가 혼재된 서법은 南朝에서도 확인되는데 이와 연관시켜 분석해 보았다. IV장에서는 문자가 어떤 용도를 가지는지 고찰해보았다. 좌서(뒤집어 쓴 문자)는 일반 사람이 보기에 퍽 거슬린다. 이는 뒤집어진 글자의 독자가 살아 있는 인간이 아님을 의미한다. 무덤이라는 공간적 특수성에 주목하여 '대왕'명 문자를 새로 보려는 이유가 여기에서 찾아진다.

‖ II. 출토지 문제, 고령인가 합천인가

충남대학교 박물관에는 대가야 '대왕'명 유개장경호가 소장되어 있다. 이 토기는 1976년 윤무병이 대구 골동품점 삼국당에서 구입하였다고 한다.[4] 어떤 경위로 윤무병의 수중에 입수되었는지 저간의 사정은 알기 어렵다. 그렇지만 대강의 추정은 가능하다. 구입 시점이 1976년인 점을 주목해 보자. 대전에 연고를 둔 윤무병이 단지 토기 구입을 위해 대구로 갔다고 보기에는 뭔가 석연치 않다. 오히려 대구에 들른 김에 토기를 구입하였다고 보는 것이 자연스럽지 않을까 한다. 공교롭게도 1976년은 경주 황룡사의 발굴 개시 연도이다. 윤무병은 김원용과 함께 황룡사지 발

....

3   http://blog.daum.net/samgayo/13634706
4   2019년 2월 14일 충남대학교 박물관 학예실에 유물 등록 내용을 문의한 결과 토기의 구입자, 판매점의 상호 등은 확인할 수 있었다. 다만 구입 당시 가격과 출토지는 알 수 없다고 한다. 이는 토기의 구입 비용이 교비가 아니라 윤무병의 사비였음을 짐작케 한다. 따라서 충남대학교 박물관이 구입하였다고 하는 일련의 서술들은 잘못이다.

굴조사 고고학 분야에 지도위원으로 위촉된 상태였다. 실제 1976년 3월 21일 경주 고적 발굴조사단 사무실에서는 지도위원과 조사위원이 합동으로 황룡사지 발굴을 위한 연석회가 개최되었다. 그리고 동년 4월 20일 개토제를 시작으로 황룡사 발굴의 서막이 열린다(文化財管理局 文化財硏究所 1984, 35). 따라서 윤무병에게는 1976년 3월 21일, 4월 20일 적어도 두 차례 정도 경주를 방문할 기회가 있었다. 당시 교통편을 감안하면 대전에서 대구를 경유하여 경주로 갔을 것이다. 대구의 골동품점은 대구역 인근인 이천동 일대에 형성되어 있었다. 아쉽게도 삼국당의 상호는 현재 확인되지 않는다. 여러 정황을 종합해 보면 윤무병은 경주를 방문한 후, 대전으로 귀가하기 전 시간을 내어, 대구역 인근의 삼국당에 들렀을 가능성이 높다.[5]

　　이 토기가 자료로서 가지는 근본적인 한계는 출토지가 불분명한 도굴품이라는 점이다. 충남대학교 박물관 유물 등록카드에도 출토지가 명기되어 있지 않다. 그런데 2000년 간행된 국립청주박물관 도록에는 출토지가 '전 합천 삼가'로 기재되어 있다.[6] 도록의 원고 작성자가 윤무병(2010년 작고)에게 직접 문의했는지 자세한 내막은 알기 어렵다.[7] 일설에 의하면 도굴꾼이 합천 삼가에서 도굴했다고 증언한 바가 있었다. 아마 이러한 정황이 유물 서술에 영향을 주었을 개연성이 있다. 실제 이런 유형의 장경호는 고령, 합천, 거창, 함양, 남원 등지의 할석축조 세장방형 수혈식 석곽묘에서 발견된다. 그렇다면 출토지가 합천이 아니라고 단정할 수

....

5　斗酒不辭였던 김원용의 회고담에 의하면 경주에서 회의를 마치고 회식 후 발동이 걸려 택시로 대구까지 가서 對酌했던 일화가 꽤 확인된다(金元龍 1990).

6　국립청주박물관(2000, 88). 또한 김종철 외(2012, 8)에도 출토지를 '전 합천 삼가'로 기재해 놓았다. 이 외에 盧重國(1995, 154)은 출토지를 '傳 梁山'으로 적었고, 백승충(2000, 328)도 양산으로 적었다. 대가야 토기의 분포 범위(박천수 2010)를 고려하면 출토지를 양산으로 보기는 어려울 듯하다. 집필자의 착각으로 여겨진다.

7　지정 토론자인 정동락(대가야박물관)이 도록 집필자에게 문의한 결과 "시간이 오래되어 정확히 기억이 나진 않으나 아마 충남대학교 박물관에 문의하지 않았겠느냐"는 답변이 있었다고 한다.

도 없는 노릇이다.

다만 대가야 고분군 가운데 합천 삼가 고분은 합천 옥전 고분이나 고령 지산동 고분에 비해 위계가 낮다. 따라서 고고학적 맥락에서 보면 삼가 고분군은 '대왕'명 토기의 부장처로 적합하지 않다. 사실 관계를 파악하기는 어렵지만 도굴꾼의 말을 전적으로 신뢰하기는 어렵다고 생각한다. 자신에게 불리한 증언을 했을 리 만무하기 때문이다. 실제 고령 지산동 고분군은 1963년 1월 21일 사적 63호로 지정하여 관리되었다. 이에 반해 합천 삼가 고분군은 1974년 2월 26일 경상남도 기념물 8호로 지정되었다. 「매장문화재 보호 및 조사에 관한 법률」에 의하면 도굴죄(제31조)는 미수범(제33조)까지 처벌토록 규정하고 있다. 사적이나 도지정 기념물을 훼손하였을 경우 도굴죄로 처벌받는다. 그런데 사적은 문화재청이, 도지정 기념물은 관할 도청이 담당하므로 같은 도굴이라도 사적 훼손의 죄질이 무거울 수밖에 없다.

백번 양보해서 이 토기가 합천 삼가에서 도굴된 것이 맞다면 이 지역의 수장이 대왕을 표방했거나 고령에서 하사된 것으로 보는 것이 합리적이다. 그렇지만 합천의 중심 고분군은 옥전이며, 현재까지 이곳에서 명문 토기가 확인된 바가 없다. 따라서 합천과 고령에 소재한 고분군의 고고학적 맥락을 점검해 볼 필요가 있겠다. 합천 다라국 세력의 무덤은 옥전 고분군이다. 4세기 전반부터 목곽이 조영되며, 4세기 말 혹은 5세기 전반대에는 환두대도, 철모, 유자이기, 갑옷류, 마구류의 부장이 현저해진다. 그러다가 5세기 후반이 되면 대형 고총고분군, 수혈식 석곽, 주·부곽식 묘곽이 등장하며, 창녕계 및 고령계 토기의 부장, 장식대도 등이 확인된다. 5세기 말에는 대가야계 문물의 유입이 압도적이다. M3호분의 경우 석곽의 길이는 10m에 달하며 봉분의 지름은 20m가 넘는다. 그리고 용봉문 환두대도, 금동장식 투구, 고령 양식 토기 등 대가야계 영향이 강하게 반영되어 있다. 다라국은 자신의 국명을 후기까지 유지하였고 정치 조직으로 한기와 수위가 있었다. 6세기 초반 무렵에는 고령 세력이 합천, 거창, 함양 일대를 직접 지배의 영역으로 확보했던 것으로 파악된다. 그렇다면 합천 지역의 수장이 大王을 칭했다고 보기는 어렵지 않을까 한다. '대왕'명 토기의 출토 후보지에서 합천을 배제할 수밖에 없는 이유이다.

한편 대가야읍 일원에는 기원 전후의 시기에 半路國이 존재하였고, 수장 험측과 읍차에 의해 다스려졌다. 그러다가 4세기에 들어와 일원과 합천군 야로, 가야, 묘산면 일대의 세력을 통합하여 가라국으로 성장하였다. 이때 루岐라 불리는 수장이 지역 연맹체를 다스렸다. 가야를 구성하였던 각국의 정치적 발전 수준은 일률적이지 않았다. 『일본서기』 흠명기 2년조와 5년조에 의하면 가라국과 안라국의 최고 지배자는 왕이었다. 그리고 그 아래 한기 조직과 수위 조직이 있었다. 다른 국들은 최고지배자로 한기만 확인된다. 왕이 있고 없음이 정치적 발전 수준의 차등을 반영하고 있었던 셈이다.

대가야는 479년 독자적으로 국제무대에 등장한 이후[8] 한반도 내 역학 관계에 합류하며 그 명성을 떨쳤다. 예컨대 481년 고구려가 신라의 호명성(경북 영덕) 등 일곱 성을 뺏고 미질부(포항 흥해)로 진군하는 것을 백제와 함께 원병을 보내 신라를 도왔다.[9] 또한 487년 전후에는 이림(충북 음성), 대산성(충북 괴산) 등지에서 백제와 대립하기도 하였다.[10] 이는 대가야에서 동원할 수 있는 군사력의 수준이 상당하였음을 웅변한다.

실제 5세기 중엽이 되면 대가야 양식 토기는 황강, 남강, 섬진강 수계부터 전북의 남원, 장수, 임실, 진안 일대와 여수, 순천만까지 확인이 된

....

8   "加羅國 三韓種也 建元元年 國王荷知使來獻 詔曰 量廣始登 遠夷洽化 加羅王荷知款關海外 奉贄東遐 可授輔國將軍本國王"(『南齊書』卷58, 列傳39 蠻東南夷傳).

9   "三年 三月, 高句麗與靺鞨入北邊, 取狐鳴等七城, 又進軍於彌秩夫. 我軍與百濟·加耶援兵, 分道禦之, 賊敗退. 追擊破之泥河西, 斬首千餘級"(『三國史記』卷3, 新羅本紀3 炤知麻立干).

10   "是歲, 紀生磐宿禰, 跨據任那, 交通高麗, 將西王三韓, 整脩官府, 自稱神聖. 用任那左魯·那奇他甲背等計, 殺百濟適莫爾解於爾林[爾林高麗地也]. 築帶山城, 距守東道, 斷運糧津, 令軍飢困, 百濟王大怒, 遣領軍古爾解·內頭莫古解等 率衆趣于帶山攻. 於是, 生磐宿禰, 進軍逆擊, 膽氣益壯, 所向皆破, 以一當百. 俄而兵盡力竭, 知事不濟, 自任那歸"(『日本書紀』卷15, 弘計天皇 顯宗天皇).

다. 원래 황강, 남강, 섬진강 수계는 아라가야와 소가야의 활동 권역이었는데, 5세기 중엽이 되면서 대가야 세력으로 대체된다. 이는 대가야가 후기 가야의 중심국으로 성장하였음을 웅변한다. 대가야 양식 토기의 분포와 양식상 유사성은 그것을 생산한 집단의 공간적 범위와 정치적 통합 정도를 파악하는 자료로 활용되어 왔다. 특히 고령에서 남원 운봉으로 이르는 서진 경로에 대체적으로 고령 지역과의 정치적 연계가 뒷받침된 것[李熙濬 1995(2017)]으로 이해한다. 대가야 양식 토기의 확산이 공인의 이동인지, 고령 지역에서 사여한 것인지, 고령 지역에서 그 지역을 간섭한 것인지 단정하기는 어렵다. 다만 토기 양식의 범위는 그 기종이 탄생된 진앙지와 구분해서 고찰하기는 어렵지 않을까 한다. 해당 양식이 먼 거리까지 퍼져 기물의 형태를 간섭하고 있었기 때문이다.

이러한 관점에서 고령 세력의 성장을 토대로 大를 敬稱으로 얹어 대가야라는 국명을 사용할 수 있었다고 볼 수 있겠다. 「가락국기」에는 수로왕이 나라의 이름을 大駕洛이라고 하였음이 확인된다. 이는 가라 가운데 가장 큰 세력이라는 역사와 자존의식의 결과이다(이영식 2000, 13). 따라서 대가야라는 명칭은 고령 세력의 성장을 반영한 명칭이 된다. 또한 고령 지산동 고분군은 대가야 지배 세력의 집단 매장지이다. 주산 능선을 따라 길이 2.4km, 너비 1km의 범위의 구릉에 704기의 크고 작은 봉분이 자리 잡고 있다. 시간이 흘러 봉분이 삭평된 경우를 감안한다면 이보다 더 많은 무덤이 있었을 것이다. 고분은 대부분 5세기 초에서 6세기 중엽에 걸쳐 조영되었다. 대형분 못지않게 중, 소형분도 다수 자리를 잡고 있으며, 고령 지역 내에서 탁월한 숫자의 고총이 군집한 유일한 지점이라는 점도 주목된다[李熙濬 2014(2017, 325-326)]. 그런 측면에서 보면 지산동 고분군이야말로 '대왕'명 유개장경호의 출토지로 부합하는 측면이 강하다.

고령 세력은 5세기 초부터 두각을 드러내었고 5세기 중엽에는 부체제로 돌입하면서 영역국가 체제까지 도달했다고 한다[蔡尙植 1989, 28;

白承忠 1995, 24-30; 朱甫暾 1995(2018, 227); 盧重國 1995, 168-180; 金世基 1995, 363; 李熙濬 1995(2017, 161-168); 李炯基 2009, 178]. 이러한 세력 성장이 대가야를 자칭할 수 있었던 배경이 되었다. 대가야 양식의 토기는 5세기 중엽이 되면 황강 수계와 남강 상류역에 걸쳐 분포되므로 이즈음 고령 세력은 연맹체의 주도국이 되었고, 5세기 후엽이 되면 그 지역을 간접적으로 지배하는 영역국가로 성장하였던 것이다[李熙濬 1995(2017, 101-188)].『일본서기』에 의하면 가야의 맹주는 한기라 불렀다. 그런데 대왕은 매우 한화된 용어이므로 좀 더 대외적인 의미를 가졌다고 볼 수 있다. 즉 대왕호의 사용은 내부 성장만으로 가능한 것이 아니라 대외적인 입지가 어느 정도 굳혀졌을 때 가능하였을 것이라 생각된다. 그럴 경우 대왕호의 사용 시점은 대가야가 국제무대에 등장한 이후이며, 고총고분의 부장 양상과 토기의 양식에 큰 변화가 생긴 시점을 염두에 둘 필요가 있다. 그럼 다음 장에서는 '대왕'명 토기에 새겨진 문자의 양상을 검토해 보기로 한다.

III. 좌서의 시원, 남조

대가야 '大王'명 유개장경호의 높이는 16.8cm이며, 개를 포함해도 19.6cm인 소형 토기이다. 대가야 토기 양식은 분명하지만 연대관은 6세기 전반(이현태 2018, 54), 6세기 중엽 이전(김세기 2003, 271), 6세기 2/4분기[李熙濬 1995(2017, 168); 田中俊明 1992, 189-191]로 나뉜다. 고령계 토기의 후기 양식의 특징인 목에서 동체부로 이어지는 선이 일직선이라는 점, 동체부의 최대경이 중앙이라는 점, 목과 동체부의 경계에 2조의 돌대선이 있는 점, 바닥이 평저인 점 등이 잘 반영되어 있다. 개의 꼭지는 유두형이다. 대가야 토기의 꼭지는 처음에는 가운데의 위가 오목하게 들어가

거나 약간 솟은 단추형이었다. 그러다가 가운데가 부풀어 오른 형태가 되며 몸통도 완만히 퍼져 내려가는 형태로 바뀌고, 나중에는 챙이 좁은 중산모나 유두형이 된다(이희준·이한상 2015, 221). '대왕'명 유개장경호의 손잡이가 유두형이라는 점에서 대가야 후기 양식 토기의 꼭지 중 마지막 단계이다.

문자는 소성하기 전 대칼로 개의 외면과 동체부에 각각 새겼다. 고분의 토기 매납은 毁棄하거나 완형으로 부장하는 방법이 있다. 전자의 경우처럼 깨트려버리면 기물의 용도는 더 이상 유지되지 못하고 소멸된다. 다만 후자는 토기가 기물로서 지속되길 염원하는 사고가 작용했을 수 있다. 여기에 더해 토기에 문자를 새겼을 경우 소기의 목적하는 바가 내재된다. 토기에 문자를 서사하는 행위는 사용과는 별개의 문제이며, 기물을 사용하는 데 크게 간섭하는 바가 없기 때문이다. 따라서 서사자의 의도 내지 목적이 개입될 가능성이 농후해진다.

토기의 문자는 인장, 대칼, 묵서로 쓴 것이 확인된다. 인장과 대칼은 토기를 소성하기 전에 사용되었으므로 제작 공방에서 관여한 경우가 된다. 그리고 묵서의 경우 소비지에서 납품된 이후에 붓으로 쓰인 경우이므로 공방의 간섭에서 자유롭다. [그림 1]은 설명의 편의를 위해 유개장경호의 문자의 위치를 표시한 후, 해당 부분을 확대해 본 것이다.[11]

문자를 자세히 보면 어딘가 획이 어색하다. 우선 동체부의 명문을 보면 획순이 맞지 않지만 대왕은 분명하다. '大'자는 삐침을 먼저 쓰고 파임을 나중에 쓴 후 가장 마지막에 가로획을 썼다. 왕의 경우 '三'을 먼저 쓰고 중앙 획을 마지막에 썼다. 획순은 틀렸지만 전반적으로 보기에 어색하지는 않다. 반면 개의 명문도 대왕은 확실하다. 그런데 동체부의 명문과 획이 많이 다르다. '大'자는 삐침을 짧게 쓴 후 파임을 길게 내리그었다. 흡사 '入'자처럼 보인다. 그런 다음 마지막으로 가로획을 그어 마무리하

....

11   유개장경호의 사진은 이현태(2018, 55-56)에 수록된 것을 활용하였다.

[그림 1] 대가야 '대왕'명 유개장경호(국립김해박물관 제공)

였다. '王'자는 동체부와 마찬가지로 '三'을 먼저 쓰고 중앙 획을 마지막에 썼다. 동체부의 문자는 바르게 쓴 우서이며, 개의 문자는 뒤집어쓴 좌서이다. 두 문자는 흡사 데칼코마니를 연상시킨다. [그림 2]는 문자의 세부를 정리한 것이다.

　　문자를 자세히 관찰하면 미세한 차이가 확인되는데, 가령 개의 경우 획의 깊이가 왼쪽보다 오른쪽이 깊다. 문자의 중심축도 오른쪽으로 치우쳐 있다. 이는 힘의 중심이 오른쪽에서 왼쪽으로 전달되었음을 의미한다. 쉽게 말해 대칼을 오른쪽에 대고 왼쪽으로 그어 획을 완성한 좌서이다. 여기서 좌서란 왼손으로 쓴 것처럼 문자의 방향이 거꾸로 되어 있는 것을 말한다.[12] 그래서인지 문자의 중심축도 왼손잡이가 쓴 것처럼 오른쪽으로 치우쳐져 있다. 이에 반해 동체부의 문자는 획의 깊이가 오른쪽보다

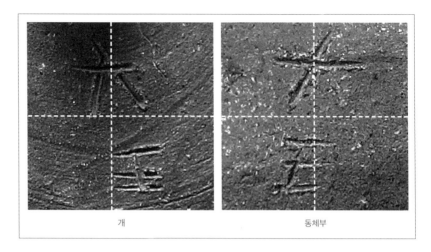

개   동체부

[그림 2] '대왕'명 문자의 세부(국립김해박물관 제공)

왼쪽이 깊다. 힘의 중심이 왼쪽에서 오른쪽으로 전달되었음을 의미한다. 왼쪽에 대칼을 찍고 오른쪽으로 그어 획을 완성한 것이다. 문자의 중심축은 오른손잡이가 쓴 것처럼 왼쪽으로 치우쳐 있다.

그렇다면 좌서와 우서를 동반해서 쓰는 것이 대가야 서사 문화의 특징일까. 그렇지는 않다. 6세기 대 중국의 서예 대가 가운데 庾元威란 인물이 있다. 그에 관한 자세한 이력은 전하지 않으나 唐의 張彦遠이 저작한 『法書要錄』에 편린이 남아 있다. 그는 유원위의 글씨체를 장식적인 이름을 붙여 목록을 만들었는데, 그 가운데 倒書와 反左書가 확인된다.[13] 반좌서는 대동 연간(535~546) 동궁학사 孔敬通이 만들었다고 한다.[14] 여기

....

12   좌서를 주술적인 성격으로 보거나(이용현 2015, 225), '대왕'을 '巫'적인 대상이자 주술적 의미로 격상시켜 사용되었던 명칭으로 보기도 한다(권주현 2012, 101). 그리고 이러한 서법의 원류를 고구려로 보는 견해가 있다. 즉 서봉총 은합의 경우 좌서와 우서는 아니지만 연호를 뚜껑과 그릇에 각각 나누어 썼는데, 양자가 합쳐져야 비로소 1조가 된다는 것이다. 이로 인해 그릇의 명칭인 合杆와도 맥락이 통한다는 것이다. 하지만 '대왕'명 장경호는 이러한 서법과 결을 달리하며, 창녕 계성 고분군 출토 유개고배에서도 뚜껑과 몸통에 각각 글자를 쓰고 있다. 따라서 이러한 서법이 고구려가 원류라는 데 선뜻 동의하기 어렵다(이용현 2015, 225).

13   "其外復有大篆, 小篆, 銘鼎, 摹印, 刻符, 石經, 象形, 篇章, 震書, 到書, 反左書等"(『法書要錄』卷2, 梁庾元威 論書).

서 좌서 혹은 반좌서란 뒤집어진 문자를 의미한다. 그리고 도서는 문자가 뒤집어진 것이 아니라 문장이 뒤집어진 것이다. 정리하자면 문자의 기재 방식은 정서, 좌서, 도서가 있다. 정서는 일반적인 서법이고, 좌서는 문자를 뒤집어(Reverse) 쓴 경우이다. 도서는 문장의 시작을 거꾸로(Invert) 기재하는 서법인데, 세부적으로 전체를 뒤집는 방식과 문구를 한 줄씩 규칙적으로 뒤집는 廻文形式으로 나뉜다. 참고로 [그림 3]은 고려 秦仲明(1078~1137)의 묘지명과 松川寺 住持 世賢(?~1143)의 매지권인데, 전자는 완전한 도서이며, 후자는 정서와 도서가 혼합된 회문형식이다.[15]

진중명은 고려 중기의 문인이다. 국자 좨주를 지낸 부친의 문음으로

[그림 3] 고려 진중명 묘지명과 고려 송천사 주지 세현 매지권(국립중앙박물관 제공)

....

14　"反左書者, 大同中東宮學士孔敬通所創, 余見而達之, 於是座上酬答, 諸君無有識者, 遂呼爲眾中清開法. 今學者稍多, 解者益寡"(『法書要錄』卷2, 梁庾元威 論書).

15　신라에서도 행간을 교차해서 문장의 시작을 달리하는 廻文形式은 경주 傳 인용사지 출토 '龍王'명 목간에서도 확인된다.

관직에 올랐으나 과거시험은 연이어 낙방하였다. 그 결과 관록은 화려하지 않았다. 문장의 도입부는 왼쪽에서부터 시작하는데, 이는 그의 독특한 장법과 관련될 가능성이 있다. 진중명은 사후 일단 매장이 되었다가 13년이 지난 시점에 다시 화장하였다. 매장 후 13년이 지난 시점을 감안하면 그의 시신은 백골이 되었을 가능성이 높다. 그렇다면 백골이 된 시신을 다시 화장한 셈이다. 墓誌가 묘주의 생전 이력을 보증해준다는 점에서 지하 세계에 화장된 인골이 진중명임을 증명해줄 필요가 있었을 것이다. 그래서 석관의 바닥에 문장이 거꾸로 새기게 되면 땅 아래에서 읽으면 올바른 문장구조를 갖추게 되는 셈이다. 이때 독자는 冥府의 인물이라야 문장을 이질감 없이 읽어낼 수 있다. 한편 송천사 주지 세현 매지권도 사방의 무덤 땅을 도교의 신선들이 지켜보는 가운데 하늘 신 皇天父와 땅의 신 后土母로부터 정당하게 구입하였음을 보증하고 있다. 이 역시 비일상의 상태를 적기하였다. 이러한 서술 방식은 일반적인 행정문서에는 사용되지 않고, 공통적으로 제의와 관련된 주술적인 의미를 띤다(三上喜孝 2016, 105-106).

　　문자를 뒤집는 방식 곧 좌서의 시원을 알아보기 위해 중국 남조의 능침제도를 살펴보자. 중국의 능침제도는 남조를 거치면서 정형화된다. 예컨대 유송 이후 능묘는 묘주가 묻힌 묘역과 석비, 석주, 석수로 구성된 3쌍의 석물, 그 사이를 가로지르는 神道를 갖춘 구조가 전형을 이룬다. 여기서 신도란 세상을 떠난 영혼들이 다니는 제례용 도로를 의미한다. 살아 있는 사람이 아닌 망자의 전용 도로인 셈이다. 502년 조영된 양 문제 능의 신도에는 좌·우에 석주가 세워져 있다. [그림 4]는 양 문제릉에 세워진 석주의 명문을 읽기 위한 독법을 모식도로 표현해 본 것이다. 석주에는 太祖文皇帝之神道라고 새겨져 있는데, 좌측 석주의 문자는 제대로 새겨진 데 반해, 우측 문자는 뒤집혀 있어 흡사 좌측 것으로 찍은 것처럼 느껴진다.

　　석공의 실수일까. 양 문제 능의 석주이고, 그가 무제의 부친이라는

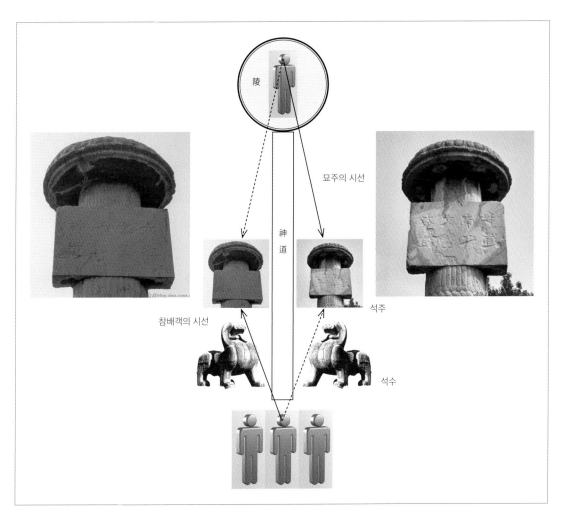

[그림 4] 梁 文帝陵 좌·우 석주 명문의 讀法 모식도(필자 촬영)

점에서 실수라면 너무 대담하다. 만약 의도적이라면 모종의 계획이 내재
되어 있다고 볼 수밖에 없다. 그렇다면 명문의 내용은 같으나 그 효과는
전혀 반대일 수 있다. 우선 문자가 노출된 지점이 분묘임을 염두에 두자.
분묘는 일상과 비일상이 공존하는 공간이며, 망자와 산자 사이에 교감이
이루어지는 곳이다. 참배객은 망자의 기일에 맞춰 그를 추모하며 기억한
다. 그 과정에서 망자의 영혼은 지상에 강림하여 제수를 흠향하며 그로
말미암은 좋은 결과가 후손에게 미치게 될 것이란 공감대가 형성된다.

다시 참배객의 시선으로 돌아가 보자. 석주의 앞에선 참배객의 눈에는 신도를 중심으로 대칭으로 배치된 문자들이 시야에 들어온다. 참배객의 시선에서는 좌측의 것이 자연스러우며(실선), 우측의 것은 보기에 거슬릴 것(점선)이다. 뒤집어진 명문은 누구에게 자연스러울까. 바로 망자이다. 망자가 묻힌 무덤에서 보면 거꾸로 새겨진 우측의 석주(실선)는 바르게 읽힐 것이며, 좌측의 것은 거슬릴 것(점선)이다. 다시 말해 망자의 시선에서는 돌을 투과하여 문자를 바르게 읽을 수 있는 투명한 돌의 원리이다(우흥 2001, 599-602). 산자가 있는 이승과 망자의 저승에는 正反의 사고가 개입된다. 이러한 상황에서 反書倒讀의 원리는 합리성을 가지지 않을까. 거꾸로 배열된 문자는 거울 영상 혹은 투명한 돌로 설명할 수 있는 지점이 생긴다. 그렇다면 남조의 서사문화가 어떠한 경로로 대가야로 유입되었고, '대왕'명 토기의 독자가 누구였는지 검토해 보자.

IV. '대왕'명 문자의 용도

대가야는 479년 가라국왕 荷知가 남제에 사신을 파견하면서 국제무대에 등장하였다.[16] 이 해는 남제의 건국 시점과 겹치므로 대가야의 사신단은 축하사절일 가능성이 있다. 남제는 하지를 輔國將軍本國王에 책봉하였다. 대가야의 중국 교섭을 백제가 도와준 결과로 본 견해가 있지만(이용현 2001, 368; 이근우 2003, 304-315), 대체로 정치적으로 성장한 대가야가 독자적으로 교섭한 것으로 보는 경향이 주류를 점한다(백승충 2012, 152-153). 남제로부터 작호를 받았다는 점은 백제에 의존하지 않는 독립적인 지배세력의 성장을 함의하고 있다(金泰植 1993, 106-108). 따라서 당

....

16 가라국왕 하지를 안라의 왕으로 비정한 견해(鬼頭淸明 1974, 128)도 있지만 따르지 않는다.

시 백제가 남제와 공식 접촉을 갖기 전이었으므로 가야의 남제 통교는 단독으로 진행되었다고 보는 것이 타당하다(주보돈 2015, 280-281). 그 결과 중국 선진 문화의 세례를 발판으로 내적 성장을 이룰 수 있었다(이형기 2011, 145-156).

남제로부터 받은 책봉호는 대가야의 성장을 국제적으로 공인받는 하나의 계기였다. 보국장군은 남제 관계의 3품에 해당하며, 본국은 근본이 되는 나라의 의미를 가진다. 본국 의식은 대가야의 성장과 밀접한 관련을 가질 것이다. 실제 『일본서기』에는 대가야를 가라, 금관국을 남가라로 부르고 있음이 확인된다.[17] 남가라란 국명에 방위가 붙은 것은 본국을 기준으로 하였기 때문이다. 가야의 여러 소국 가운데 본국의식의 표방은 대가야의 두각을 의미한다.

그렇다면 대가야인들이 어떠한 경로로 남조의 문화를 경험할 수 있었을까. 부안 죽막동 제사유적에서 출토된 대가야계 토기를 염두에 두면 문화를 직접 수용하였을 가능성이 있다. 그런데 대가야는 백제에 비해 남조의 장묘제를 적극적으로 수용한 흔적이 별로 확인되지 않는다. 물론 각국의 고분 구조가 달랐던 것은 사회 발전 수준이나 상장제의 수준이 차이가 있었기 때문이다. 고령에는 백제식의 횡혈식 석실이라 할 수 있는 고아동 벽화고분, 고아동 석실분, 지산동 折上天井塚 등이 확인된다. 근자에 고아동 벽화고분의 안료에 대한 분석이 실시된 바 있다. 그 결과 적색 진사(HgS), 백색의 연백($PbCO_3 \cdot PbOH_2$), 녹색의 동 화합물 등의 천연 무기 안료를 사용하여 그림을 그렸다는 사실이 밝혀졌다. 이는 6세기 초까지 진사와 연백 사용의 최초 사례라고 한다(文煥皙 2002, 174-182). 진사 광산의 경우 중국 남부의 귀주성과 호남성 등지가 산지로 알려져 있다. 그렇다면 이러한 채색 안료의 유입은 중국 남조와의 교류의 결과일 수 있겠다

....

17 "平定比自㶱, 南加羅, 㖨國, 安羅, 多羅, 卓淳, 加羅, 七國"(『日本書紀』卷9, 氣長足姬尊 神功皇后 49年 3月).

(李炳基 2009, 186). 그리고 고아동 벽화고분은 2개의 관대가 마련된 이인 병렬 합장 방식을 띠고 있다. 이는 부부 매장을 염두에 둔 조치로 해석할 수 있으며 백제의 영향이 내재되어 있음을 알 수 있다(권오영 2011, 312-313). 백제는 중국 남조의 상장제가 영향을 미치고 있었다. 만약 남조의 문화가 대가야에 직접적으로 전달되지 않았다고 하더라도 대가야인들은 백제를 통해 남조의 장제를 간접적으로 경험하였을 개연성도 배제할 수 없다.

6세기 초 백제와 중국 남조의 문화적 교류의 한 단면을 보여주는 자료로 무령왕과 왕비의 지석이 있다. 왕의 지석은 사거한 523년에 작성되었고, 왕비의 지석은 526년 장례한 후 529년 합장한 사실을 유려한 남조 풍의 서체로 적었다. 발굴 당시 왕과 왕비의 지석은 문장을 볼 수 있게끔 배치되어 있었다. 또한 왕비의 지석에는 오수전 한 꾸러미가 놓여 있었다. 그런데 왕비의 지석 뒷면은 매지권이다. 정작 내용을 확인하려면 책장처럼 옆으로 넘기는 것이 아니라 흡사 달력을 넘기듯 위로 넘겨야 된다. 즉 앞뒤 문장이 도치되어 있는 셈이다. 매지권의 작성 시점과 왕비 지석의 작성 시점이 달라서 생긴 현상이다. 하지만 의도적인 서식이라면 독자가 冥府의 인물임을 방증한다.

한편 부여 능산리사지에서 출토된 남근형 목간도 유의된다. 이 목간은 4면 목간인데 묵서와 각서가 공존한다. 그리고 2면의 묵서와 3면 '天' 자는 천지역으로 거꾸로 서사되어 있다. 이는 목간의 제작자가 의도적으로 문자를 배열한 것으로 볼 수 있다. 목간은 길 제사와 관련된 것으로 추정이 되는데, 명문에 보이는 '楊'자, 특히 '勿' 부분의 획이 냉수리비의 '物', 함안 성산산성 목간의 '勿'과 서사방식이 같다고 한다. 이러한 서법은 성산산성 출토 목간의 '勿'과 신라 단양적성비의 '賜'를 고려해 보면 6세기 중반이 하한이다. 따라서 능산리 목간의 이체자를 염두에 두면 〈창왕명 석조 사리감〉이 안치된 567년 무렵이나 그 이전에 작성되었다고 할 수 있다(윤선태 2007, 122-123). 백제의 문장 도치는 남조의 서사 문화를

融攝하였을 가능성이 있다. 그렇다면 대가야에서 확인되는 남조의 문화는 백제를 경유하였을 개연성이 있다.「양직공도」에 보이는 백제의 傍小國 가운데 고령 세력인 반파가 거론되었다는 점에서 더욱 그러하다.

그렇다면 '대왕'명 유개장경호가 의도했던 바는 무엇이었을까. 현재까지 가야 지역에서 확인된 문자자료의 대부분은 소형 석곽에서 출토된 공통점이 있다. 즉 묘주가 묻힌 중심 묘곽이 아니라 주변부에서 확인되는 셈이다. 이는 계세적 세계관에서 묘주의 생활을 지탱하는 인물들이 이 토기들을 관리, 사용하길 바랐던 염원이 내포되었을 수 있다. 가야와 신라 고분의 가장 두드러진 특징은 순장과 후장이다. 고구려, 백제에는 순장의 습속이 확인되지 않으며, 薄葬이 이루어졌다. 순장과 후장은 가야와 신라 고분을 규정하는 중요한 지표로 볼 수 있다. 말하자면 가야인들의 내세관은 후장과 순장이 특징인 셈이다. 동아시아 무덤의 기본 관념은『순자』의 예론에 잘 반영되어 있다. 즉, "상례란 산 사람의 예절로써 죽은 사람을 섬기고, 되도록 삶을 모방하여 죽은 사람을 송별하는 것인바, 죽은 사람 섬기기를 산 사람 섬기듯 하고 없는 사람 섬기기를 있는 사람 섬기듯 하여, 시작과 마지막을 한가지로 여기는 의식이다"라는 것이다.[18] 계세적 세계관은 사후에도 생전의 지위나 생활을 영위하도록 하는 염원이 전제되어 있다. 그 선상에서 순장은 묘주를 위해 사람을 함께 매장하는 장의 행위이다. 즉 왕이나 귀족이 죽었을 경우 그를 추종하던 사람이나 시종을 묻음으로써 죽음을 장엄한다. 순장은 고분이 축조됨과 동시에 이루어진다. 自殉의 경우도 있었을 것이나 강제적으로 숨을 끊는 행위, 피장자와 신분적 격차로 인한 종속성이 상존한다. 이렇게 강제적으로 죽음을 맞은 인물들이 묘주의 내세 생활을 책임지게 된다. 따라서 묘주와 시종의 그릇은 구분될 필요가 있었을 것이다. 이보다 후대의 일이지만 그릇의 사용에

....

18   "喪禮者, 以生者飾死者也, 大象其生以送其死也, 故事死如生, 事亡如存, 終始一也"(『荀子』 19章 禮論).

는 신분에 따라 일정한 구분이 있었던 것 같다.[19]

사정전에 나아가서 常參을 받고 정사를 보고 2품 이상에게 入侍하기를 명하여 술자리를 베풀었다. 임금이 예조판서 李克培에게 이르기를, "명분을 엄하게 하지 아니할 수 없거늘, 어제 사옹원에서 進膳하는 데에 세자의 器皿을 섞어 썼으니 심히 불가하다. 만약 이렇게 한다면 아비와 아들이 그릇을 같이하고 임금과 신하가 그릇을 같이 하며 주인과 종이 그릇을 같이 하는 것이니, 명분이 어디에 있으며 야인들과 무엇이 다르겠는가? 세자도 또한 御膳의 일을 보살피는데, 무엇이 어선보다 더 크겠는가? 사옹원 별좌의 죄가 더욱 중하니 정녕코 타일러 경계하도록 하는 것이 마땅하다." 하였다.

이러한 관점에서 본다면 무덤에 매장된 토기도 主從이 사용하는 구분이 있었다고 볼 수 있다. 내세에서 시종들이 굶으면서 봉사했다고 보기는 어렵기 때문이다. 따라서 '대왕'명 토기의 경우 특정 사용자를 명기해 놓음으로써 구별이 가능해진다. 특히 좌서는 명부에서도 망자의 시선으로 올바르게 읽을 수 있는 문자가 된다. 토기의 문자는 이럴 때 오히려 제 기능을 발휘하는 것이 아닐까 한다.

참고로 가야의 장묘와 유사하게 후장과 순장이 실시된 신라에서도 좌서가 확인된다. 가령 창녕 계성 고분군에서는 좌서와 우서가 동반된 토기가 출토되었다. 창녕은 4세기 대까지는 가야의 소국이었다가 5세기 이후부터는 신라화된 곳이다. [그림 5]는 설명의 편의를 위해 해당 토기를 정리한 것이다.

....

19 "御思政殿, 受常參, 視事. 命二品以上入侍, 設酌, 上謂禮曹判書李克培曰, 名分不可不嚴, 昨日司饗院進膳, 雜用世子器皿, 甚不可, 若是則父子同器, 君臣同器, 奴主同器矣, 名分何居, 與野人奚擇焉. 世子尙且視膳, 事孰大於御膳乎. 其司饗別坐罪尤重焉, 當丁寧告戒之"(『世祖實錄』卷29, 世祖 8年 11月 30日 庚申).

[그림 5] 창녕 계성 고분군 출토 '대간'명 유개고배(국립김해박물관 제공)

　　창녕 계성 고분군은 낙동강 중류유역의 해발 60~85m, 높이 25m 전후의 구릉지대 경사면에 조영되었다. 발굴조사는 A·B·C지구로 나누어 실시하였다. A지구 6호분 석곽 인근의 합구식 옹관에서 '大干'이 확인되었다. 그리고 B지구 1호분 출토 배에 '辛', 5호분 출토 소형병에 '末', 10호분 출토 유개고배의 개에 '大', 고배에 '大干'이 새겨져 있었다. C지구 3호분 소형병에 '大干', 고배에 '巾'이 새겨져 있었다. 그런데 토기가 출토된 분묘는 대형이 아니라 소형이다. 대간이 큰 수장이란 의미를 가지는 것과는 출토 정황이 괴리된다. 그래서 대간을 피장자가 아니라 토기의 제작자(金在弘 1992, 259-260), 干群 외위의 분화 과정 속에 上干의 이칭(朱甫暾 1997, 58), 계성 지역의 촌 지배자의 칭호(선석열 1997, 68)일 가능성이 있다고 본 것 같다. 문자는 왼손으로 새겨진 것으로 분석되었는데, 새긴 사람의 특이한 습성이 반영되었다 한다. 그런데 왜 하필 좌서와 우서를 새겼을까. 대간이 토기의 제작자라고 한다면 좌서와 우서를 습득한 유식자가 된다. 불가능한 일은 아니지만 공인의 교양 수준을 감안하면 쉽게 수긍하기는 어렵다. 문자의 기능적인 측면을 고려한다면 오히려 명부의 독자가 읽기에 용이하도록 서사한 조치로 볼 수 있기 때문이다. 다시 말해 상간에 해당하는 인물이 사용하도록 특기해 놓은 것이며, 출토지가 소형 분묘라는 점에서 시종이 관리하는 것으로 해석할 수 있겠다. 큰 맥락에서 보면 '대왕'명 유개장경호와 의도는 동일하다고 할 수 있다.

문자는 토기를 소성하기 전에 썼다. 문자는 기재 시점이나 방식에 따라 명문의 성격이 달라질 수 있다. 예컨대 성형 단계에서는 공인이 제작 수량이나 완성을 체크할 목적을 띠고 문자를 쓸 수 있다. 대개 단순한 문자가 대부분이다. 그런데 건조 단계는 공인보다는 공방을 勘檢하는 관료들이 개입될 여지가 크다. 이때 전체 공방에서 납품 기일에 맞춰 생산이 원활히 이루어지는지, 아니면 납품처에서 원하는 문자를 의도적으로 새길 수 있게 된다. '대왕'명 유개장경호의 경우 문자의 필법은 좌서와 우서가 구사되어 있다. 이는 어느 정도 문자에 대한 이해도가 있는 유식자가 개입되었을 가능성을 시사한다. 유력자가 죽음을 맞으면 장례 절차에 따라 매장 프로세스가 작동되고, 각 파트별로 납품양이 각 공방에 하달된다. 이때 검수자는 매납할 각 기종의 수량을 가늠하고 필요한 문자를 새겼을 것이다. 문자가 새겨진 토기가 소성의 완성까지 장담할 수는 없다. 따라서 동일한 문자 토기가 다수 제작되었을 개연성이 있다.

좌서는 중국 남조에서 비롯되었다. 대가야 왕 하지는 남제에서 작호를 받았고, 국제무대 등장의 이면에는 상표문의 존재가 상기된다. 이는 대가야의 관료 중에는 상표문을 작성할 정도의 인문학적 소양과 작문 능력을 지닌 인력풀을 확보하고 있었음을 의미한다. 上國에 올리는 문서라는 점에서 세련된 문장 구사는 당사국의 문한 수준을 가늠할 수 있는 바로미터가 될 수 있다. 대가야의 상표문은 그저 方物의 物目에 그치는 것이 아니라 한반도 내 자국의 서열을 설명하고 향후 우호관계를 도모하는 성격이지 않았을까. 이때 세련된 문장 혹은 격조를 높이기 위해 여러 고사나 경전의 내용을 인용하였을 것이다. '대왕'명 토기의 문자는 단순하지만 좌서와 우서가 동반되어 있다. 이 자료를 통해 대가야의 인문 수준이 결코 낮지 않았음을 유추해 볼 수 있다.

Ⅴ. 맺음말

지금까지 논의한 내용을 정리하는 것으로 맺음말에 대신하고자 한다. 충남대학교 박물관에는 대가야 '대왕'명 유개장경호가 소장되어 있다. 이 토기는 1976년 충남대학교 교수였던 윤무병이 대구 골동품점 삼국당에서 사비를 들여 구입한 것이다. 출토지를 알 수 없는 도굴품이라는 한계는 있지만 명문의 내용은 당시 대가야의 성장 결과를 압축적으로 표상한다. 그 결과 대가야가 부체제 혹은 그 이상의 영역국가로 성장하였다고 본 견해들이 제출될 수 있었다.

대가야 양식은 분명하지만 아쉽게도 출토지가 명확하지 않다. 2000년 국립청주박물관 특별전 도록이나 고령 대가야박물관·계명대학교 한국학연구원에서 발간한 책자에는 이 토기가 합천 삼가에서 출토되었다고 명기하였다. 실제 도굴꾼이 합천 삼가 고분에서 도굴하였노라고 증언한 바도 있었다. 다만 고고학적 맥락에서 보면 합천 삼가 고분은 합천 옥전 고분이나 고령 지산동 고분에 비해 위계가 낮다. 대왕의 위상에 걸맞은 후보지는 고령 지산동 고분이 유력하다고 생각된다.

한편 토기의 개와 동체부에는 대왕이라는 문자가 각각 새겨져 있다. 그런데 개에는 좌서로, 동체부에는 우서로 서로 다른 서사 방식으로 기재되어 있다. 이러한 좌우서 혼합방식의 시원은 중국 남조에서 비롯된 것이다. 좌서는 뒤집어진 문자를 의미하는데 그 독자는 명부의 인물이 된다.

이러한 서사문화는 남조에서 직접 대가야로 왔든지, 백제를 경유하였을 가능성이 있다. 다만 백제의 장묘문화가 남조의 영향을 많이 받았으므로 대가야도 이 경로로 수용하였을 수 있다.

그렇다면 '대왕'명 문자의 용도는 무엇이었을까. 좌서가 명부의 인물을 위한 것이고, 매납된 토기가 묘주를 위한 것이라면 문자도 그것에 조응하여 서사되었을 것이다. 지금까지 가야의 명문 토기 대부분이 소형 분묘에서 출토된 정황이 인정된다. 가야 묘제의 특징은 후장과 순장이다. 순장자는 계세적 내세관 속에 묘주의 생활을 서포터하기 위해 강제로 죽임을 당한 인물들이다. 무덤에 매납된 토기가 묘주의 공양을 위한 것이라면 신분에 따른 그릇의 구별이 필요하였을 것이다. 이럴 때 좌서는 명부에서 망자의 시선으로 올바르게 읽을 수 있는 글자가 된다.

참고문헌(발행순)

鬼頭淸明, 1974, 「加羅諸國の史的發展について」, 『古代朝鮮と日本』, 龍溪書舍.

文化財管理局 文化財硏究所, 1984, 『皇龍寺 遺蹟發掘調査報告書 I』.

蔡尙植, 1989, 「陜川 苧浦 4號墳 出土 土器의 銘文」, 『伽耶』 2, 伽耶文化社.

金元龍, 1990, 「金英夏敎授의 風格」, 『歷史敎育論集』 13·14.

金在弘, 1992, 「土器 銘文」, 『譯註 韓國古代金石文』 II(신라1·가야 편), 駕洛國史蹟開發硏究院.

田中俊明, 1992, 『大加耶連盟の興亡と「任那」-加耶琴だけが殘った-』, 吉川弘文館.

韓國古代社會硏究所 編, 1992, 『譯註 韓國古代金石文』 II(신라1·가야 편), 駕洛國史蹟開發硏究院.

金泰植, 1993, 『加耶聯盟史』, 一潮閣.

金世基, 1995, 「대가야 묘제의 변천」, 『加耶史硏究-대가야의 政治와 文化-』, 慶尙北道.

盧重國, 1995, 「大伽耶의 政治·社會構造」, 『加耶史硏究-대가야의 政治와 文化-』, 慶尙北道.

白承忠, 1995, 『加耶의 地域聯盟史 硏究』, 釜山大學校 博士學位論文.

李熙濬, 1995, 「土器로 본 大伽耶의 圈域과 그 변천」, 『加耶史硏究-대가야의 政治와 文化-』, 慶尙北道(2017, 『대가야고고학연구』, 사회평론아카데미에 재수록).

朱甫暾, 1995, 「가야사의 새로운 정립을 위하여」, 『加耶史硏究-대가야의 政治와 文化-』, 慶尙北道(2018, 『가야사 이해의 기초』, 주류성에 재수록).

부산시립박물관 복천분관, 1997, 『유물에 새겨진 古代文字』(도록).

선석열, 1997, 「고대 銘文의 해독과 분석」, 『유물에 새겨진 古代文字』(도록), 부산시립박물관 복천분관.

朱甫暾, 1997, 「韓國 古代의 土器銘文」, 『유물에 새겨진 古代文字』(도록), 부산시립박물관 복천분관.

국립청주박물관, 2000, 『한국 고대의 문자와 기호유물』(도록).

백승충, 2000, 「가야의 정치구조-'부체제'논의와 관련하여-」, 『韓國古代史硏究』 17.

이영식, 2000, 「문헌으로 본 가락국사」, 『가야 각국사의 재구성』, 혜안.

우홍 저·김병준 옮김, 2001, 『순간과 영원』, 아카넷.

이용현, 2001, 「가야의 대외관계」, 『한국 고대사 속의 가야』, 혜안.

文煥晳, 2002, 「고대 벽화안료 재질분석 연구-봉정사 대웅전 후불벽화 및 고아동 고분벽화를 중심으로-」, 『文化財』 35.

김세기, 2003, 『고분 자료로 본 대가야 연구』, 학연문화사.

吉村武彦, 2003, 「墨書土器硏究の現在-データベース化された墨書土器-」, 『駿台史学』 117.

이근우, 2003, 「웅진·사비기의 백제와 대가라」, 『古代 東亞世亞와 百濟』, 충남대학교 백제연구소.

李泳鎬, 2004, 「金石文 硏究法」, 『尙州文化硏究』 14.

윤선태, 2007, 『목간이 들려주는 백제 이야기』, 주류성.

李炳基, 2009, 「大加耶의 政治社會構造」, 『大加耶의 形成과 發展 硏究』, 경인문화사.

박천수, 2010, 『가야토기-가야의 역사와 문화-』, 진인진.

권오영, 2011, 「장제와 묘제를 통해 본 가야와 중국 남조」, 『경남의 가야고분과 동아시아』, 학연문화사.

이형기, 2011, 「대가야의 해상활동-하지의 대중국교류를 중심으로-」, 『가야의 포구와 해상활동(제17회 가야사학술회의 자료집)』, 김해시·인제대학교 가야문화연구소.

권주현, 2012, 「'대가야의 건국과 성장'에 대한 연구현황과 과제-78년 이후의 문헌사학을 중심으로-」, 『대가야사 연구의 현황과 과제』, 고령군 대가야박물관·계명대학교 한국학연구원.

백승충, 2012, 「'대가야의 대외관계'에 대한 연구현황과 과제」, 『대가야사 연구의 현황과 과제』, 고령군 대가야박물관·계명대학교 한국학연구원.

김종철 외, 2012, 『대가야사 연구의 현황과 과제』, 고령군 대가야박물관·계명대학교 한국학연구원.

李熙濬, 2014, 「고령 지산동구분군의 입지와 분포로 본 특징과 그 의미」, 『嶺南考古學』 68(2017, 『대가야고고학연구』, 사회평론아카데미에 재수록).

이용현, 2015, 「고령 지산동 73·75호분의 주인공과 대가야-문헌자료를 중심으로-」, 『고령 지산동 대가야 고분군』(도록), 국립대구박물관.

이희준·이한상, 2015, 『고령 지산동 대가야고분군』(도록), 대가야박물관.

주보돈, 2015, 「새롭게 읽는 대가야사」, 『고령 지산동 대가야고분군』(도록), 대가야박물관.

三上喜孝, 2016, 「文字がつなぐ古代東アジアの宗教と呪術」, 『古代東アジアと文字文化』, 同成社.

이현태, 2018, 『가야문화권의 문자자료』, 국립김해박물관.

「대가야 '대왕'명 유개장경호의 문자 새로 보기」에 대한 토론문

정동락 대가야박물관

1. 심포지엄의 의미

우선 국립김해박물관·한국역사연구회에서 공동으로 개최하는 "문자로 본 가야" 심포지엄은 얼마 되지 않는 가야 당대의 문자자료를 종합적으로 검토함으로써, 가야의 정치, 사회, 문화상을 종합적으로 검토하는 자리로 큰 의미가 있다. 또한, 가야사 복원이 국정과제로 제시된 작금의 상황에 시의적절하다고 생각된다.

2. 이동주 선생의 발표문이 가지는 의미

사실, 토론자는 '대왕'명 장경호는 보면서 '대왕'의 글자가 좌서로 쓰여진 점에 대해 한자를 모르는 도공의 실수, 망자를 위한 의례적·주술적인 의미를 담고 있는 것으로 생각해 왔다. 그런데, 이 선생님은 이것을 좀 더 깊이 있게 분석하여 명부의 망자를 위한 서사구조로 파악하고, 그 시원을 중국 남조에서 찾아, 남조에서 백제를 거쳐 대가야로 전해진 것으로 보았다. 그러면서 그것을 대가야의 인문 수준이 낮지 않았던 증좌로 파악했다. 지금까지와는 다른 참신한 해석으로, 성공적인 '새로 보기'라 할 수 있다. 부족한 가야의 문자 자료에 대해 새로운 시각으로 분석이 필요하다는 문제의식을 상기시켰다는 점에서 자못 의미가 크다.

3. 몇 가지 토론 사항

이동주 선생님의 논지에 대해 거의 대부분 동의하는 편이고, 별다른 이견이 있는 것은 아니다. 다만, 함께 토론해 보고 싶은 몇 가지 내용을 여쭙는 것으로 토론자의 소임을 다하고자 한다.

1) 대왕명 장경호의 출토지를 국립청주박물관 도록(『한국 고대의 문자와 기호유물』, 2000)에서 '전 합천 삼가'로 기재한 점에 대해 도록 원고를 작성한 집필 당사자에게 확인하지 않는 한 현재로서는 판단할 수 없다고 하였다. 아마 충남대박물관 측에서 그렇게 얘기했던 것으로 판단된다.

2) ① 대왕명 장경호의 제작 시기는 6세기 전반 늦은 시기로 보이며 (6세기 2/4), 기형도 뛰어난 것은 아닌 듯하다. '大王' 명문이 없다면 대가야권의 어디서나 출토될 수 있는 수준으로 보인다. 이런 점에서 이 토기가 최고지배자, 즉 대왕의 토기라고 하기는 왠지 어색해 보인다. 발표자의 견해처럼 과연 저승에서 시종이 관리(?)하는 대왕의 그릇임을 구별하기 위해 각각 좌서와 우서로 大王이라 기록한 것일까. 즉, 왕을 위한 토기의 수준으로 볼 수 있는가? 또, 대왕의 것이라면 이 토기의 주인공은 이뇌왕(520~530년대?), 가실왕(530~550년대?), 도설지왕(550~560년대?) 중에서 찾을 수 있을 것으로 보이는데?(노중국, 2012, 「6세기 전반 대가야의 왕위 교체와 정책의 변화-이뇌왕에서 가실왕으로의 왕위 교체를 중심으로-」, 『한국고대사연구』 66)

② 대왕이라는 명문의 좌서를 토대로 발표자는 대가야 사람들이 백제를 통해 남조의 장례제도를 간접적으로 경험했을 개연성이 높다고 하며, 그 사례로 고아동 벽화고분, 고아동 석실묘, 절상천정총 등을 들었다. 혹시 대왕명 장경호의 출토지가 고아동 벽화고분이 있는 고아리 일대의 고분은 아닐까?

③ 대왕명 장경호의 '대왕'이라는 호칭은 대가야 전성기의 상황이 아니라, 6세기 중엽에 가까운 어느 시점에 사용한 최하한의 시기를 알려주는 자료이다. 유사한 사례가 될지는 모르겠지만, 조선 말 고종은 왕에서 황제를 칭하면서, 제후국에서 황제국을 표방하였다. 이는 대한제국의

국력이나 대외적 위상이 황제국의 면모를 갖춘 것이 아니라, 오히려 쇠퇴하는 상황에서 명칭만 황제를 표방한 것으로 보인다. '왕 중의 왕'이라는 대왕도 대가야가 실질적인 위상을 갖춘 시점이 아니라, 오히려 멸망의 길로 치닫는 와중에 대외 과시용으로 사용했을 가능성은 없는 것인지? 즉, 名實이 相符하지 않은 상황으로 볼 여지는 없는지 토론이 필요해 보인다.

3) 대왕의 '大'자 자획 순서에 대해

ㅇ 뚜껑

발표자: 삐침 ⇒ 파임 ⇒ 가로획 / 국립대구박물관: 삐침 ⇒ 파임 ⇒ 가로획 / 토론자: 삐침 ⇒ 파임 ⇒ 가로획

ㅇ 동체부

발표자: 삐침 ⇒ 파임 ⇒ 가로획 / 국립대구박물관: 가로획 ⇒ 삐침 ⇒파임 / 토론자: 파임 ⇒ 삐침 ⇒ 가로획

따라서 뚜껑의 자획은 같으나, 동체부는 자획의 순서가 다르게 보여 토론이 필요하다.

* 국립대구박물관, 2015, 『고령 지산동 대가야 고분군』(특별전 도록), 24쪽.

* 토론자 자획

장경호 동체부

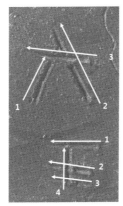

뚜껑

4) 발표자가 좌서와 우서가 함께 쓰인 사례로 제시한 창녕 계성고분 군의 '大王'의 경우도 대왕명 토기의 '大王'과 마찬가지로 중국 남조의 영향을 받은 좌서로 보는 것 같다. 그렇다면, 계성 고분군 세력(大王)과 신라, 백제나 중국 남조와의 관계에 대해 생각해 본 바가 있는지?

5) 문자를 뒤집어 쓴 좌서의 사례?(신라하대인 9세기 후반 삼화사 철불의 명문)

삼화사 철불 배면 상단에 양각된 명문, 10행 161자 정도, 판독 글자는 대략 140자. 860년대에 경문왕과 화엄종 승려 決言 주도로 조성. 이에 대해 "글씨의 좌우가 반대로 새겨진 左書, 즉 인쇄 양식이라는 점과 四周 單邊과 界線이 분명히 새겨진 사실을 고려해 볼 때 결국 불법을 널리 펴려는 뜻에서 불자나 중생이 인쇄해 가도록 배려한 것"이라고 한다(박성 종, 1997, 「삼화사 철불 명문에 대하여」, 『문화사학』 8). 하지만 철불의 주조 과정에서 발생한 실수로 의심된다.

좌서와 우서가 동반되는 경우를 발표자의 주장처럼 冥府의 묘주를 의식한 의도적인 서사문화로 볼 수도 있을 것 같다. 그런데, 뚜껑과 몸통

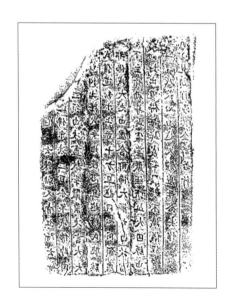

에 같은 글자를 나누어 새기는 사례는 경주 서봉총 출토 고구려 제작 은합, 계림로 14호분 출토 청동합의 명문 등이 있으며, 이러한 서사법은 '고구려류'라고도 한다(국립대구박물관 2015, 앞의 도록). 앞으로 좀 더 사례가 축적될 필요가 있어 보인다. 이에 대한 부연 설명을 부탁드린다.

6) 기타: 고령읍 ⇒ 대가야읍으로 명칭 변경

5

'下部思利利'銘 토기와 대가야

이형기 해양수산부 해양정책과 학예연구관

I. 머리말

가야는 고대 국가로 성장하지 못하고 신라에 멸망당한 나라로 알려져 왔다. 역사란 대부분 승자의 기록만 남기 마련이어서 신라에 의해 멸망당한 가야에 대한 문헌 기록은 거의 없으며, 『삼국사기』와 『삼국유사』, 중국의 『삼국지』와 『후한서』, 『남제서』, 일본의 『일본서기』 등의 사서에 단편적으로 당시 사회를 추정할 수 있는 기록들이 남아 있다. 또한 廣開土王陵碑文과 昌寧 眞興王 拓境碑, 陝川 梅岸里碑 등과 같은 당대에 만들어진 금석문도 그 대강을 알 수 있게 하지만, 내용이 너무 소략하다.

이러한 문헌 기록의 부족은 가야사를 이해하는 데 장애가 되었다. 그러다 1970년대 들어서면서부터 경제 개발로 인하여 훼손될 위기에 처한 많은 유적이 발굴 조사되었고, 그 성과들이 학계에 보고되면서 가야사 연구에 변화가 일기 시작하였다. 필연적으로 유적의 파괴를 가져올 수밖에 없었던 개발이 가야사 연구에 기여하였다는 사실은 역사의 아이러니라 할 수 있다. 어쨌든 고고학적인 조사 성과는 문헌 자료의 부족을 물질 자료를 통해 보완할 수 있게 해주었다. 1980년대 들어 가야사를 주제로 한 연구들이 학계에 발표되기 시작하면서 가야사 연구는 활기를 띠었다. 여기에 더해 최근 정부 차원에서도 가야사에 대한 관심이 집중되면서 가야사 연구가 활기를 띠며 조금씩 연구방법론을 넓혀나가는 성과들이 보이기도 한다.[1] 이러한 움직임들을 통해 비록 자료의 영성함에도 불구하고 그나마 대가야에 한해서는 구체적인 실체가 조금씩 드러나는 것 같다. 그렇지만 가야사 전체에 대해서 우리가 알지 못하는 점이 아직도 많은 것이 사실이다. 이는 아무래도 거의 전무하다시피 한 문헌 기록이 중요한 원인

....

1 지난해 국립김해박물관과 한국역사연구회가 공동 주최한 심포지엄에서 '합천 매안리비', '대왕'명 유개장경호 등 기존에 알려진 자료이지만 전론으로 다루거나 시각을 달리하여 접근한 시도는 주목할 필요가 있다(국립김해박물관·한국역사연구회 2019).

이 될 것이다. 이러한 사실은 2010년대에 들어 가야사 연구가 침체를 맞게 되는 원인으로 작용하기도 하였다.

가야의 국가적 성격에 대해서는 아직까지 결론에 도달하지는 못하고 있다. 이는 사서에 가야 전체를 통칭하는 용례도 보이지만, 더불어 멸망하는 시기까지도 가야 지역 범위 내에 개별 국가의 국명이 존재하는 모습이 그대로 나타나고 있기 때문이다. 여기에 대해서 가야 諸國을 전·후기의 단일 연맹체제로 보는 시각부터 시작해서 다수의 연맹으로 구성되었다고 보는 지역 연맹체론과 함께 연맹체[2]로 보는 것에 대해 부정적인 시각도 존재한다.[3] 한편 가야가 부체제(蔡尙植 1989; 盧重國 1995; 李炯基 2002; 2009) 단계에 이르렀다거나 초기 고대 국가[金泰植 2003(2014)] 또는 고대 국가(김세기 2003; 朴天秀 1996; 이희준 1995) 단계에 도달하였다고 보기도 하며, 가야 사회를 지역 국가로 이해하려는 견해도 제기되고 있다(백승옥 2003). 거기에 더하여 가야 사회를 분권 공동체적 성격으로 파악하기도 한다(백진재 2019).

이 글은 합천 저포리에서 출토된 '下部思利利'銘 토기(이하에서는 '하부'명 토기라고 약칭)를 통해 대가야의 정치 발전 단계에 대해 검토해 보고자 한다. '하부'명 토기에 새겨진 내용은 단편적이지만, 시사하는 바가 크기 때문에 일찍부터 학계에서 주목해 왔다. 그럼에도 불구하고 이를 전론으로 다룬 연구는 거의 없기 때문에 시도에 그 의미를 두고자 한다.

....

2   가야 연맹의 개념에 대해서도 아직 합의된 견해 없이 논자마다 달리 적용하고 있다. 이는 가야사 논의에 장애가 되기도 한다. 가야사에서 연맹의 개념과 관련해서는 南在祐(1995); 朱甫暾(1995); 金泰植(1997)이 참고된다.

3   최근에 제기된 가야의 국가적 성격에 대한 여러 견해는 백승옥(2017); 이영식(2018) 등이 참고된다.

II. '하부사리리'명 토기의 발견

경상남도 합천군 대병면에 위치한 합천댐은 황강에 건설한 높이 96m, 길이 472m 규모의 다목적댐으로서 1982년 4월에 착공하여 1989년 5월에 준공되었다. 이 댐의 건설로 인하여 26개 마을, 2,665ha가 수몰되었다. 이에 따라 실시된 지표조사를 통해 고분의 봉토 및 유구 등 많은 유적이 확인되었으며, 苧浦里 古墳群도 이때 알려졌다(釜山大學校博物館 1985, 85-91). 이 당시의 지표조사를 통해 알려진 黃江 상류역의 여러 고분군이 발굴 조사되면서 가야사 연구에 많은 도움을 주었다. 합천댐 수몰 지구 내의 고분군 분포를 보면 댐 인근의 창리 고분군부터 상류 쪽으로 저포리 고분군, 중반계 고분군, 반계제 고분군과 봉계리 고분군, 지류에 계산리 고분군이 위치한다(그림 1 참조).

이들 고분군 중에서 중심이 되는 것은 반계제 고분군이며, 발굴조사 결과로만 놓고 봤을 때 가장 먼저 조영된 것은 저포리 고분군이다. 저포리 고분군은 고분 축조의 성쇠가 심한 편으로 A부터 E지구까지 다섯 지구로 나누어 영남대학교(A지구), 창원대학교(B지구), 효성여자대학교(현 대구가톨릭대학교, C·D지구), 경북대학교(D지구), 부산대학교(E지구)가 나누어 발굴 조사하였는데(鄭永和·梁道榮·金龍星 1987; 朴東百·秋淵植 1988; 李殷昌 1987; 尹容鎭 1987; 釜山大學校博物館 1987), 조사 결과를 보면 동쪽의 A지구부터 E지구까지 순차적으로 고분이 축조된 사실이 확인되었다. 이들 고분군 중에서 E지구 4호분에서 '하부'명 토기가 출토되어 많은 관심을 받았다.

저포리 E지구에서는 삼국시대 고분 27기, 조선시대 목관묘 6기, 주거지 7동, 지석묘는 토광 1기를 포함해 9기가 조사되었다. 지역적으로는 인접해 있으나, 상호 관련된 유적은 아니고 각각 독립된 유적으로 판단하고 있다.[4] 여기에서 확인된 고분군은 풍화된 화강암반층을 파고 설치된

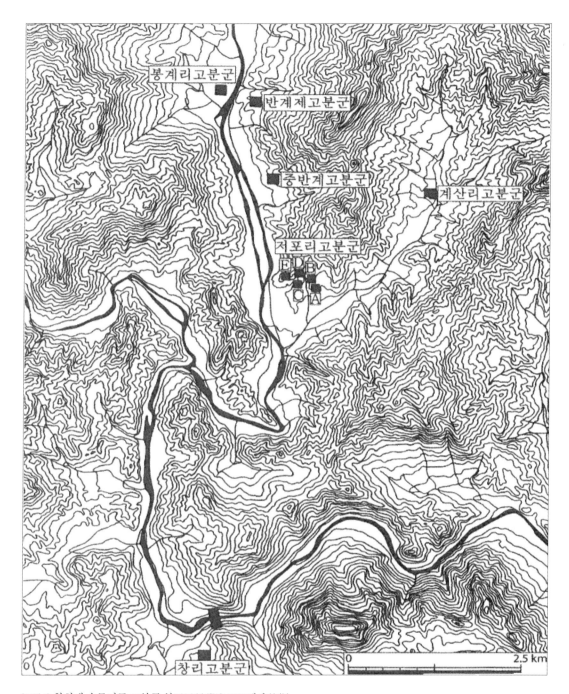

[그림 1] 합천댐 수몰지구 고분군 분포도(李熙濬 2003에서 轉載)

....

4 釜山大學校博物館(1987, 288-291). 이하의 4호분에 대한 설명은 이 보고서를 요약하여 정리
　하였다.

원형봉토분으로 대부분이 주구와 호석을 갖추고 있는 지름 6m 이상의 중대형급이다. 대체로 횡혈식 석실분과 횡구식 석실분이 주축을 이루지만, 수혈식 소형 석곽, 옹관 등도 확인되며, 단독 혹은 2기 이상씩 서로 결합하여 단곽 또는 다곽 형식을 이룬다. 조성 시기는 6세기 후반에서 7세기 후엽으로 편년된다.

4호분은 해발 148m의 매우 완만한 경사를 이루고 있는 능선상에 조성되었으며, 발굴조사 전에도 외형상으로 분구가 관측되었고 E지구에서는 가장 먼저 축조된 고분이다. 조사 결과 중앙에 횡혈식 석실인 4-1호가 축조되고, 그 분구 범위 내에 서쪽과 북쪽에 횡구식 석실인 4-2, 3호가 추가로 설치된 구조로 밝혀졌다. 봉토는 생토층과 그 아래의 풍화화강암반을 부분적으로 파내 정지 작업을 한 다음 성토하였으며, 주분인 4-1호분을 축조할 당시에 쌓았다. 분구의 최대 지름은 10.3m, 최대 높이는 2m이다. 호석은 분구의 기저와 4-1호분의 동쪽에서 확인되었다. 전체적으로 고령 양식에서 신라 양식으로 바뀌는 과정의 토기가 출토되었다고 한다.[5]

명문이 새겨진 단경호는 묘곽 내부가 아니라 4-1호분의 연도 서쪽에 있는 상단 호석 주변에 옆으로 눕혀진 채로 출토되었다. 조사자는 '제사' 성격의 유물로 보고하였고(釜山大學校博物館 1987, 71), 토기의 출토 위치로 보아 4-1호분의 주인공과 관련이 있는 것으로 여겨진다.

토기의 상태는 구연부와 어깨 부분이 3/4가량 결실되어 수지로 복원하였으며, 높이는 22.0cm이다. 소성 상태는 양호한 편이지만, 체부와 저부는 일그러졌고 기포가 많이 발생되었다. 동체부의 형태는 사각형에 가깝고 口緣이 약간 外反하는 대가야 계통의 단경호로 여겨진다. 토기의 형태로 볼 때 6세기 3/4분기의 이른 시기에 제작된 것으로 이해되고 있다. 구연부 내측에는 행서풍으로 모두 다섯 글자가 새겨져 있다.[6] 글자

....

5   이상의 내용은 李熙濬(2003, 213-217)을 요약한 것이다.

6   단경호가 제의용이라는 점과 봉토에서 단독으로 출토되었다는 사실로 미루어 명문은 단경호를 만든 사람이 송곳 같은 뾰족한 나무 끝이나 대나무로 새겼으며, 행서풍에 가까운 고졸한

의 크기는 첫 번째와 다섯 번째 글자는 가로 7.5mm, 세로 6mm, 자경 8.7mm이며, 나머지 세 글자는 가로 15·13mm, 세로 7mm, 자경 15~13mm이다. 첫째~셋째 글자는 '下部思'로 최초 판독하였다. 첫째의 '下'는 다른 글자에 비해 크기도 작고 또 왼편에 결손부가 있어 소성 과정에서 좌변부가 떨어져 나갔을 가능성도 생각할 수 있으나 조사자는 일단 그렇게 판독하였고, 여기에 대해서는 학계에서 이견은 없다. 아울러 넷째 글자는 '禾'변에 '刀'자가 병기된 것으로 보아 '利'로 읽어, 다섯 글자 가운데 앞의 네 글자는 '下部思利'로 판독하는 데 모든 연구자들이 의견이 일치한다(그림 1 참조). 그렇지만 마지막 글자에 대해서는 일반적으로 同字 표기로 간주하여 '利'로 읽어 '下部思利利'로 판독한 이래(蔡尚植 1987, 220) 대부분의 연구자들이 여기에 동의하지만 일부는 '己'로 읽거나 '之'[7]로 판독하기도 한다. 이를 정리하면 다음과 같다(蔡尚植 1987; 金昌鎬 1989; 李文基 1992; 田中俊明 1992; 李永植 1993; 백승충 2006; 이용현 2007; 이현태 2018).

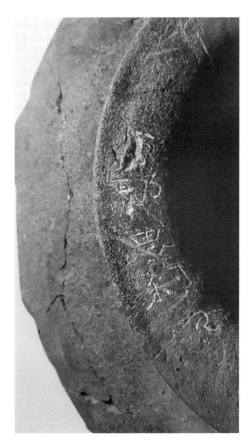

[그림 2] '下部思利利' 銘文(대가야박물관 2004에서 轉載)

　　이 토기의 명문을 대다수가 판독하듯이 '下部思利利'로 읽을 수 있다면 '下部'는 부의 명칭이고 '思利利'는 인명, 즉 '下部思利利'는 '下部' 사람 '思利利'를 나타낸 것으로 볼 수 있다. 이 토기가 대가야 계통이고, 여기에 새겨진 '下部'라는 명문을 통해 대가야에서 部體制가 실시된 흔

....

　　형태로 파악하고 있다(蔡尚植 1987, 220). 이하의 판독 설명은 이 글을 요약하였다.

7　李文基(1992, 258-259)에서 '하부'가 가야의 部와 관련된 최초의 자료여서 주목된다는 점을 전제하면서 명문은 '下部思利之(?)'로 판독하였으나 마지막 글자가 '乙'인지 아니면 '利'인지에 대한 판단은 유보하였다. 아울러 하부 다음의 세 글자는 인명으로 이해하였다.

[표 1] '下部'명 토기의 판독 비교표

구분	蔡尙植	김창호	李文基	田中俊明	李永植	白承忠	이용현	이현태
1	下	下	下	下	下	下	下	下
2	部	部	部	部	部	部	部	部
3	思	思	思	思	思	思	思	思
4	利	利	利	利	利	利	利	利
5	利	利	之(?)	己	之(?)	利	利	利

적을 유추할 수 있게 되는 것이다.[8] 신라 금석문이나 『일본서기』의 가야 인명과 관련된 용례를 보면 대개 3~4자이고 인명 끝에 '利'가 사용된 예가 있다. 『일본서기』에서는 '부'와 관련하여 인명을 표기할 때 백제 인명은 대개 '직명+관등명+인명' 순이 원칙이지만, 고구려의 경우 '부명+인명'의 예도 보이기 때문에 '下部+思利利'란 인명 표기를 특별한 문제로 인식할 필요는 없을 것 같다.

가야에서 '下部'의 존재 여부와 밀접한 관련이 있는 것이 '思利利'의 신분과 출신 지역이다. 사리리의 신분과 관련해서는 명문 토기 자체가 제사적인 성격을 가진다는 점, 이 인물이 토기 제작자일 가능성이 높다는 점, 한자 사용이 가능한 인물이라는 점, 어떤 형태로든 지방민과는 구별되는 왕경 소속 혹은 왕경의 통치를 받는 소속 부를 가진 인물이라는 점 등을 고려할 필요가 있다. 그렇다면 비록 관등명과 직명이 보이지는 않지만, 읍락의 호민층 이상(蔡尙植 1989, 29) 내지 『翰苑』의 '士庶居焉'을 참고하면 '士'에 속했을 가능성이 높다고 하겠다(백승충 2000, 332-333).

여기에 보이는 '下部'라는 용어는 현재까지는 백제에서만 사용된 지방명이다.[9] 그런데 대가야에서 이러한 용어가 사용되었다는 것은 백제의

....

8 李文基(1992, 258-259)에서 '하부'가 가야의 部와 관련된 최초의 자료여서 주목된다는 점을 전제하면서 명문은 '下部思利之(?)'로 판독하였으나 마지막 글자가 '己'인지 아니면 '利'인지에 대한 판단은 유보하였다. 아울러 하부 다음의 세 글자는 인명으로 이해하였다.

지방 제도를 본뜬 것이 아닐까 생각하게 된다. 고령 고아동 벽화고분의 기원이 公州 宋山里 6號墳에서 찾아진다는 사실에서도(金鍾徹 1988, 240-242) 5세기 말~6세기 초 당시 백제의 영향을 확인할 수 있다. 하부의 존재가 상정 가능하다고 하면, 그와 대비되는 상부의 존재도 유추할 수 있겠지만 아직은 그것을 확인할 자료가 대가야 문화권에서는 발견되지 않고 있다. 이와 직접 연관된 것은 아니겠지만 창녕 교동 11호분에서 출토된 상감 명문이 있는 원두대도도 주목된다.

창녕 교동 11호분에서 출토된 원두대도에서 발견된 상감 명문의 내용을 살펴보기로 하자. 원두대도의 명문[10]은 칼등에 넣고자 하는 자체를 단면 V자형 또는 凸자형으로 얕게 파고 그 안에 두께가 거의 없는 폭 5mm 안쪽의 금사를 박아 넣은 후 숫돌로 마무리 작업을 하였는데, 현재 7자가 남아 있다. 7자 중 첫 번째 글자는 가로획의 한 부분만 보이지만 나머지 6자는 글자의 형태를 이루고 있으며, 전체 필치는 행서체로 보인다. 명문의 내용은 글자수가 적고 판독이 불가능한 것이 많아 의미를 추적하기가 어렵다. 이 명문의 판독에 대해서는 고구려 계통의 칼로 보면서 '上部先人貴△乃(또는 刀)'로 판독하기도 하고(韓永熙·李相洙 1990, 85-92) 이와 달리 백제 계통의 칼로 보면서 '…△先人(△)貴(?)△刀'라고 풀이하기도 한다(金昌鎬 1990, 17-18). 최근에는 '△音先人貴△刀'로 판독하면서 무리하게 해석할 필요 없이 조상 대대로 소중하게 여긴 吉祥의 뜻을 새긴 것으로 보기도 한다.[11]

이 대도처럼 원두형을 장식한 것은 그리 흔하지 않다. 그렇지만 卝刀

---

9 "都下有方, 各爲五部, 曰上部·前部·中部·下部·後部"(『三國史記』卷40, 雜志9, 職官志 下); "都下有萬家, 分爲五部, 曰上部·前部·中部·下部·後部"(『周書』卷49, 列傳41 異域(上) 百濟條).

10 이 대도의 명문은 처음에 田中俊明에 의해 '乙亥年△扞率△'로 판독되었다(1987, 168). 그러나 이 판독의 기본이 된 X-ray를 찍을 때 대도를 놓은 방향에 문제가 있었는데, 실은 명문을 거꾸로 놓고 촬영한 X-ray 사진으로 판독한 것으로 밝혀져 나중에 자신의 견해를 철회하였다. 이에 대해서는 이현태(2018, 62) 참고.

11 이현태(2018, 65). 한편 그는 이러한 점에서 대도의 명문을 재검토의 대상으로 분류하였다.

나 刀子에 원두형을 장식한 것은 공주 무령왕릉과 창녕 교동 7호분, 나주 신촌리 9호분 등에서 보이고 있다. 공주 무령왕릉 출토 도자의 경우 柄部에 孔이 없다는 것이 다른 지역 출토품과 다른 점이다. 특히 일본 내의 도자에 孔이 있는 병부를 가진 경우가 많이 발견되고 있다. 일본의 도자는 5세기 후반 무렵 한국의 원두도가 전래되어 제작되었다고 한다. 한편 원두대도는 원두도자에서 파생되었다고 한다. 이러한 내용으로 본다면 孔이 있는 원두대도는 공이 없는 원두도자에서 발전하였으며 교동 11호분에서 발견된 대도도 따라서 백제계로 보아야 할 것이다.

필자는 이러한 판독보다도 이 대도의 명문에 보이는 '上部'라는 내용에 주목할 필요가 있다고 본다. 지나친 억측이겠지만 합천 저포리에서 발견된 토기 명문에서 '下部'[12]라는 부명과 상감명에서의 '上部'라는 명칭을 통해 당시 가야의 사회상을 어느 정도 추정해볼 수 있을 것으로 생각한다.[13]

III. '하부사리리'명 토기를 통해 보는 대가야의 부

대가야는 일정한 시기에 이르면 '王'號를 칭한다.[14] 4세기 대에 대가야는 지금의 고령읍을 중심으로 개진, 운수, 덕곡, 쌍림 일대의 반로국이 지금의 우곡면 일대로 추정되는 '新復縣', 합천군 야로, 가야, 묘산면 일대의 '冶爐縣'을 복속한 지역 연맹체로 성장하여 반로국 단계의 '險側',

....

12 상부는 백제에서만 보이는 지방 구역명이기는 하나, 고구려계 인명 또는 고구려계 도래인의 인명으로서의 용례도 확인된다고 한다(李永植 1993, 609).

13 이영식은 합천 저포리 출토 토기명에 보이는 하부와 관련지어 이 상부를 대가야에 예속된 부로 파악할 수 있을 것으로 보았다(1993, 609).

14 대가야에서의 '王'號는『南齊書』에 보이는 荷知王 관련 기사와 충남대학교박물관에서 소장하고 있는 '大王'銘 有蓋長頸壺 등을 통해서 짐작할 수 있다.

혹 '邑借'로 불렸던 수장의 칭호가 '旱岐'를 칭했을 것이다.[15] 이러한 대가야가 발전을 거듭하면서 새로운 단계에 접어들었을 때 '王'號를 사용하였을 것이라고 생각된다. 왕호의 사용은 '한기'를 칭하던 지역 연맹체 단계와는 다른 새로운 체제로 접어들었음을 짐작케 해준다. 이때 주목되는 것이 앞서도 언급한 '下部思利利'란 명문이다(釜山大學校博物館 1987, 69-71). 여기서 눈여겨보아야 할 것은 '下部'이다. 이 자료를 토대로 가야의 부체제에 대한 논의가 이루어졌다.[16] 종래에는 하부를 대가야와 관계된 것이 아니라 백제의 것으로 보는 견해가 제기된 바 있다(金泰植 1990, 101; 田中俊明 1992, 259-260). 이는 당시 가야가 백제의 정치적인 영향력 아래에 놓여 있었거나 가야의 정치 사회 발전 수준을 部를 창출할 정도가 아니라는 인식에서 비롯되는데, 함께 출토된 다른 유물 중 백제계로 볼 수 있을 만한 것이 없다는 점에서 부명 자체는 고구려나 백제의 영향을 받았다고 하더라도 그 자체를 가야의 部가 아니라고 해석하는 것은 문제라는 지적이 있었다(朱甫暾 1996, 3). 이는 매우 타당한 견해라고 생각한다. 즉, 특별한 결정적 증거나 사유가 없는 한 '하부'명 토기는 대가야와 관련 있는 유물로 이해하고, 하부도 대가야와 관련된 것으로 보는 것이 학계의 일반적인 인식이다.[17]

部는 고구려, 백제, 신라에서 공통적으로 나타난다.[18] 그런데 삼국의 부가 모두 동일하지는 않다. 고구려의 部와 마립간 시기 신라의 6부 체제는 분명한 차이가 있다. 고구려에서는 독자적인 운동성을 가진 독립 소국이 하나의 부가 되었다. 반면 신라의 6부는 여러 논란이 있긴 하지만 중

....

15 李炯基(2000, 16-17). 盧重國은 대가야의 발전 단계를 小國-地域聯盟-部體制로 설정하면서 각각의 수장 칭호를 險側-旱岐-王으로 설명하였다(1995, 153-162).

16 가야의 부체제 문제에 대한 검토는 김태식(2000); 백승충(2000)의 글이 대표적이다.

17 저포리 고분군이 위치한 반계제 일대 고분군의 묘제나 토기상이 고령 양식을 띤다는 점도 이를 짐작케 한다.

18 한국고대사학회에서는 1999년 7월 29일~30일 제1회 하계세미나를 통해 부와 부체제 문제에 대해서 집중 토론하였다. 이에 대해서는 한국고대사학회 편[1999(2000)] 참조.

앙집권화가 완성된 시기에 왕경의 구획으로 부가 설치되었다는 점에서 큰 차이가 있다. 신라에서는 몇 개의 부가 하나의 소국을 구성하였던 것이다.[19] 가야의 部는 삼국의 부와는 또 다른 차이가 있으리라 생각된다. 부체제로의 발전 과정을 보면 고구려와 신라가 큰 차이를 보인다. 즉, 앞서 언급하였듯이 고구려의 부와 신라의 부는 비록 명칭은 똑같을지라도 하나의 독립 소국과 독립 소국을 구성한 하나의 읍락이라는 점에서 차이가 확인된다. 이후 중앙집권화가 이루어지는 과정에서 고구려의 나부는 방위부로 전환하고 신라의 경우는 사로국 자체가 왕도로 기능하게 되며 편입된 소국은 지방으로 자리 잡게 된다. 고구려나 신라의 경우 부체제는 王都와 王畿, 혹은 王京과 地方의 체제로 바뀌어 간다. 이렇듯 각 국가별로 다른 부체제가 가야에서는 어떤 모습을 하고 있었던 것일까?[20]

대가야의 부체제를 설명할 때 눈여겨보아야 할 또 다른 자료는 『삼국사기』에 수록된 于勒 12曲의 '上加羅都'와 '下加羅都'이다. 그 내용을 살펴보면 다음과 같다.

A. 가야금도 중국 樂部의 箏을 본받아 만들었다. 『風俗通(義)』에서 말하기를 "쟁은 秦나라 음악이다"라고 하였다. 『釋名』에서 말하기를, "쟁은 줄을 높이 매어 소리가 쟁쟁하며, 幷州·梁州 두 주의 쟁은 모습이 瑟과 같다. …(중략)… 가야금은 비록 쟁과 제도가 조금 다르지만 대개 그와 비슷하였다. 新羅古記[羅古記]에서 이르기를, 「가야국의 嘉實王이 당나라의 악기를 보고 만들었다. 왕이 "여러 나라의 방언이 각기 다르니 음악이 어찌 한결같을 수 있겠는가?"라고 하며, 곧 樂師인 省熱縣人 于勒에게 명하여 12곡을

....

19 이러한 부의 차이에 대해서는 朱甫暾(1992) 참조. 백제의 경우는 그것이 왕도 5부제인지, 백제 전역을 대상으로 하는 5부제인지의 논란이 있다.

20 기존에 대가야의 부란 백제의 部制에서 많은 영향을 받았으며 중앙의 지배자 집단을 편제하는 과정에서 발생하였고, 지방관을 파견할 정도는 아니었으므로 지방 통치 조직은 아니다. 한편, 각 부의 유력자들은 왕도에 거주하면서 부여의 '四出道'처럼 독자적인 관할 영역과 지배 기구를 가지고 있었다고 보기도 한다(盧重國 1995, 168-171).

짓게 하였다. …(중략)…」고 한다. 우륵이 지은 12곡은 첫째는 下加羅都, 둘째는 上加羅都, 셋째는 寶伎, 넷째는 達已, 다섯째는 思勿, 여섯째는 勿慧, 일곱째는 下奇物, 여덟째는 師子伎, 아홉째는 居烈, 열째는 沙八兮, 열한째는 爾赦, 열두째는 上奇物이었다. 泥文이 지은 3곡은 첫째는 鳥, 둘째는 鼠, 셋째는 鶉이었다.[21]

가야금곡에 대해서는 대다수의 연구자들이 당시의 소국과 연결시켜 이해하고 있으며, 나아가 대가야 연맹에 소속된 소국으로 해석하고 이를 통해 대가야 연맹을 분석하기도 하였다(田中俊明 1990; 1992). 모든 곡을 대가야 연맹에 소속된 소국으로 해석한 부분은 수긍하기 힘들지만 당시 우륵 12곡의 해석에 있어서는 탁월한 견해였다고 할 수 있다. 최근 가야 사를 다루는 연구자들은 각론에서는 그와 견해를 달리할지라도 12곡의 전반적인 해석 방향, 즉 총론에서는 동의하고 있는 실정이다.[22] 필자도 여기에 찬동하는 입장에 서 있다.

'上加羅都'와 '下加羅都'는 '상·하의 加羅都邑'으로 이해하여 단순하게 '터'로 해석할 수도 있겠지만(梁柱東 1965, 565), 그보다는 '중심지'의 개념으로 이해하는 것이 좋을 듯하다.[23] 우륵 12곡에 나타나는 명칭이

....

21 "加耶琴, 亦法中國樂部箏而爲之. 風俗通曰, 箏秦聲也. 釋名曰, 箏施絃高, 箏箏然, 幷梁二州箏形如瑟. …(중략)… 加耶琴雖與箏制度小異, 而大槪似之. 羅古記云, 加耶國嘉實王見唐之樂器而造之. 王以謂諸國方言各異聲音, 豈可一哉, 乃命樂師省熱縣人于勒造十二曲. …(중략)… 于勒所製十二曲, 一曰下加羅都, 二曰上加羅都, 三曰寶伎, 四曰達已, 五曰思勿, 六曰勿慧, 七曰下奇物, 八曰師子伎, 九曰居烈, 十曰沙八兮, 十一曰爾赦, 十二曰上奇物. 泥文所製三曲, 一曰鳥, 二曰鼠, 三曰鶉"(『三國史記』卷32, 樂志1 加耶琴條).

22 김세기는 이를 대가야 영역 내의 중요한 지역과 국방상, 교역상 주요 거점 지역으로 본다(2003, 275-276). 한편, 우륵 12곡에 보이는 국명들의 위치 비정은 李炯基(2017, 94) 참조.

23 '都'라는 용어에 대하여 연맹 중심지로 보거나(田中俊明 1992, 110-113), 대가야의 도읍으로 上都와 下都가 있었으며 하가라도는 대가야 영역의 또 다른 중심지로 이해하기도 한다(李永植 1997, 96). 그리고 上·下加羅都의 '都'는 '都邑' 나아가 '王都'라는 개념이 내포되어 있음이 확실하고 대가야읍 자체가 도읍으로 인식되고 있어 부가 곧 왕도와 같은 의미를 갖고 있었기 때문에 부의 존재 가능성을 높여준다고 설명하기도 한다(朱甫暾 2000, 923-924). 이처럼 위치 비정에 있어서는 연구자마다 차이가 있을지라도 '都'를 중심지와 관련된 것으로 해석한다

개개의 소국을 지칭하는 데 반해 상·하가라도는 그와 다르기 때문에 고령과 밀접하게 결부되어 있을 것이다. 이때 대가야와 관련이 있는 고분이 존재하여야 함은 물론이다.

上加羅都는 대가야의 도읍이었던 高靈으로 비정하는 데 별다른 이견은 없다. '加羅'라는 국명이 김해와 고령의 금관가야와 대가야에만 칭해졌었다는 사실과 가라국왕 하지의 남제 조공 기사를 통해서 알 수 있듯이 필자도 상가라도는 고령을 가리킨다고 생각한다. 문제는 下加羅都인데, 함안으로 비정하는 견해도[24] 있지만 크게는 '金海'설(金泰植 1993; 白承玉 2002)과 '陜川'설(田中俊明 1990, 13; 白承忠 1992, 469; 盧重國 1995, 169-170)[25]로 나누어진다. 하가라도의 지명을 비정할 때 전제 조건으로 가라의 용례가 김해, 고령뿐이라는 점, 범대가야 세력권 내에 위치해야 한다는 점, 악곡의 제작 시기가 6세기 전반이라고 할 때 상가라도와 정치적으로 밀접한 관계에 있어야 한다는 점이 지적되었는데(白承忠 1992, 468-469), 경청할 만하다. 이로 미루어 본다면 '하부'명 토기가 출토되고 苧浦里 遺蹟, 磻溪堤 古墳群 등이 위치한 합천군 봉산 지역이 하가라도였을 가능성이 무척 높을 것으로 생각한다.[26] '하가라도'를 합천으로 비정하는 경우 대개 옥전 고분군이 위치한 '다라' 지역으로 보는 견해가 많은데, 이곳은 늦은 시기까지 고유 국명을 유지하고 있어서 우륵 12곡에 등장한다면 '다라'라고 나타났어야 한다는 점에서 따르기가 어렵다. 봉산 지역 일대는 비교적 풍부한 고고 자료가 출토되는 등 일정 수준 이상의 정치체가 존재하였음 직하지만 별다른 기록이 남아 있지 않은데, 이

....

는 점에서는 공통되며, 필자도 이러한 의견에 찬동한다.

24 下加羅를 阿尸良·阿羅加耶=아랫가야로 보아 咸安으로 보았다(梁柱東 1965, 30-31).

25 다만 노중국은 최근 하가라를 '김해'로 비정하는 견해를 발표하였다(2017).

26 '사리리'를 저포리 지역이 신라화하면서 옥전 지역에서 사민된 집단의 주요 인물 가운데 신라화 직후 최초 사망한 자로서 '하부'는 '사리리'가 생전에 주로 살았던 옥전 지역과 관련된 명칭으로 보기도 하고(李熙濬 1995, 426; 2003, 226-227), '하부'의 치소인 옥전에서 사민되었거나 하부 출신의 하위 지방관이 파견된 것으로 이해하기도 한다(김세기 2003, 273-279).

점은 하가라도로 편제되었기 때문으로 볼 수 있어서 오히려 이 일대로 비정할 수 있음을 방증한다.

이상의 논의를 통해 上·下加羅都의 위치가 각각 고령, 합천 봉산면 일대였음을 알게 되었다. 그런데 하가라도를 하부와 동일시하는 견해가 이미 제기된 바 있으며,[27] 필자도 여기에 동의한다. 그렇다면 상가라도는 上部가 될 것이고 고령 일대가 그 범위에 해당할 것이다. 상부를 상가라도와 연결할 수 있다면 하부는 하가라도와 연결하여 곧 합천 봉산 일대로 볼 수 있다.

합천 봉산 지역은 대가야가 황강을 따라 거창, 함양, 남원 쪽으로 진출할 때 반드시 거쳐야만 하는 곳으로, 대가야의 전초지로서 가장 먼저 진출한 지역일 것이다. 아울러 가장 강력한 지배를 받았을 것으로 생각된다. 따라서 대가야로서도 중요한 지역이었기 때문에 많은 관심을 가졌을 것임은 쉽게 추정이 가능하다. 이에 대가야가 영역을 확장하는 과정에서 봉산면 일대를 王畿로 삼고[28] 하부로[29] 편제하였으리라고 추측하는 것이다. 6세기 1/4분기에 이 지역의 고분군에서 중대형묘가 축조되지 않아 대가야의 직접 지배 아래에 들어갔으리라고 여기는 것도 이러한 이유 때문일 것이다. 이렇게 본다면 대가야는 上部-下部의 二部體制였음이 확인된다.[30] 비

....

27   백승충은 '下部思利利'銘 토기가 출토된 고분군에서 고령 양식 토기가 출토되지만 옥전 고분군의 상징처럼 여겨지는 有刺利器 등이 출토되는 것으로 미루어 池山洞 古墳群─玉田 古墳群, 玉田 古墳群─苧浦里 古墳群으로 이어지는 중층적 구조를 상정하기도 하였다(2000, 334-335).

28   李炯基(2002, 76). 하가라도의 의미로 보아 여기까지 왕도일 가능성도 있다. 전덕재는 '가라도'는 고령 지역을 가리키고 이를 2개의 지역인 상가라·하가라로 나누었다고 보았고(김태식 편 2009, 392의 전덕재 토론), 왕기라는 개념까지 설정한다면 상·하가라도를 합천 북부까지 가능한 것으로 보기도 한다(김태식 편 2009, 396-397의 이기동 토론).

29   고구려의 下部가 西部를 지칭한다고 할 때 합천에서 고령을 의식한 표현이라고 보기도 한다(李永植 1993, 607-609). 이때도 지역 연맹체 단계보다는 독자성이 그리 강고하지는 않았겠지만 일정 부분 독자성을 온존시켰던 것 같다(盧重國 1995, 161-162). 한편, 대가야 왕경인의 인명이 지방인 합천의 한 무덤에서 출토된 단경호에 기록된 것에 대한 해답을 구하기는 어렵고, 또 대가야의 지방 제도가 하부, 상부 등으로 나뉘어졌다는 증명이 되어야 한다는 점을 들어 백제계 인명으로 보는 견해도 있다(金昌鎬 2001, 29).

록 부체제를 백제로부터 받아들였는지는(盧重國 1995, 169) 정확하게 알 수 없지만 대가야는 왕이 거처하고 있는 고령 지역과 대외 진출하는 데에 중요한 전초기지에 해당하는 곳을 部로 삼아 직접 지배하였던 것이다.

부체제 단계에 접어들면서 스스로 가라국은 '大加耶'[31]를 칭했던 것으로 생각된다. 아울러 거창, 함양, 남원 등지에 분포하고 있는 고분군의 존재는 5세기 이후 대가야가 외부로 시선을 돌리면서 급격하게 성장한 사실을 전해준다고 하겠다.

대가야에는 '왕'이 존재하였음은 앞서 살펴보았다. 왕 아래의 지배 체계는 어떻게 조직되어 있었을까? 대가야 연맹체의 수장은 '王'을 칭하게 되면서 이전의 지역 연맹체 단계보다는 훨씬 광범한 지역에까지 그 영향을 미쳤고, 이를 원활하게 통치하기 위해서 편입된 지역을 일정한 기준에 의하여 편제하였을 것이다. 그러면서 그 영향권 아래에 있는 각 소국의 수장들의 위상을 높여준 것으로 보인다. 한기의 칭호는 지역 연맹체의 대표자 칭호였는데, 그것이 각 소국의 장들에게도 칭해졌다는 점에서 그러한 추측이 가능하다.

B-1. 安羅의 次旱岐인 夷呑奚, 大不孫, 久取柔利, 加羅의 上首位인 古殿奚, 卒麻 旱岐, 散半奚 旱岐兒, 多羅의 下旱岐 夷他, 斯二岐 旱岐兒, 子他 旱岐 등과 任那日本府 吉備臣⟨이름이 빠졌다⟩이 백제에 가서 함께 조서를 들

─────────

30　김세기(2003, 275-277). 그는 하부의 영역을 합천 반계제 지역 및 거창, 함양 백천리 고분군 지역, 옥전 남쪽의 의령 지역까지로 파악한다. 백승충은 '왕경'을 구성하는 왕도(=상가라도, 지산동)와 부도(=하가라도, 옥전)의 상·하부 2부 체제로, 풍부한 철(지산동)과 대외 교섭에 유리한 입지 조건(옥전)의 결합으로 이해하였다(2006, 121-126). 이영호도 상·하가라도를 상부와 하부로 설명한다(2006, 123-125). 이와 달리 노중국은 '下部'명 토기의 연대가 6세기 중엽경이라는 사실과 高靈 古衙洞 壁畵古墳이 백제의 공주 송산리의 횡혈식 석실분의 영향을 받은 점으로 미루어 백제의 영향이 컸을 것으로 보면서, 백제처럼 5부제였을 가능성을 제기하였다(1995, 169).

31　'大'의 冠稱은 장엄을 표시한 것으로 가라국이 5세기 대 이후 주도 세력이었다는 점과 아울러 『三國史記』 地理志에 전하는 '大加耶郡'은 가라국 당시에 사용되었음을 의미한다(白承玉 2003, 122).

었다. 백제의 聖明王이 任那의 旱岐 등에게 말하였다.[32]

B-2. 安羅의 下旱岐 大不孫, 久取柔利, 加羅의 上首位 古殿奚, 卒麻君, 斯二岐君, 散半奚君兒, 多羅의 二首位 訖乾智, 子他 旱岐, 久嗟 旱岐, …(중략)… 安羅王과 加羅王에게 삼가 보고하고 함께 사신을 보내어 같이 천황에게 주상하겠습니다.[33]

B-1·2에는 소위 '任那復興會議'에 참가한 이들의 명단이 실려 있다. 여기서의 한기는 각 소국의 수장을 의미하므로 지역 연맹체 단계에서의 대표자를 한기로 칭한 것과는 분명 다르다고 하겠다. 이는 대가야가 부체제로 편제하면서 그들의 위상을 높여준 것으로 봄이 어떨까 한다. '부체제'라는 새로운 단계로 접어들면서 '왕'호를 칭하게 된 대가야의 왕이 그아래의 독립 정치체의 수장들에게 위상을 높여줌으로 해서 그들로 하여금 쉽게 대가야에 흡수되도록 하기 위한 노력의 일환으로 여겨지기 때문이다.

B-2에서는 대가야와 더불어 안라국 왕의 존재가 확인되며, 이 두 나라는 왕이 있음에도 불구하고 임나부흥회의에는 각각 下旱岐와 上首位가 참여하고 있다는 사실과 각 정치체의 수장들이 旱岐를 칭하였다는 것이 주목된다. 이들 소국의 한기는 소국의 왕 자신을 가리키고 安羅의 한기와 加羅·多羅의 首位는 왕 아래에 있는 관직일 것이다.[34] 아울러 이 세 나라의 참석자만이 분화된 모습의 하(차)한기, 상·이수위를 보여주고 있는 것도 주목해 보아야 하리라 생각된다.

....

32 "安羅次旱岐夷吞奚·大不孫·久取柔利, 加羅上首位古殿奚, 卒麻旱岐, 散半奚旱岐兒, 多羅下旱岐夷他, 斯二岐旱岐兒, 子他旱岐等, 與任那日本府吉備臣〈闕名字〉, 往赴百濟, 俱聽詔書, 百濟聖明王謂任那旱岐等言"(『日本書紀』卷19, 欽明天皇 2年 夏4月條).

33 "安羅下旱岐大不孫·久取柔利, 加羅上首位古殿奚·卒麻君·斯二岐君·散半奚君兒, 多羅二首位訖乾智, 子他旱岐, 久嗟旱岐, …(중략)… 安羅王·加羅王, 俱遣使同奏天皇.."(『日本書紀』卷19, 欽明天皇 5年 11月條).

34 白承忠(1995, 177). 한편, 각 부의 유력자들이 중앙 귀족으로 전환하면서 한기층으로 재편되고 왕도에 거주한 것으로 보는 견해가 있다(盧重國 1995, 170).

그런데 대가야에서는 '首位'의 존재가 확인된다. 수위는 加羅와 多羅에서만 보인다. 그리고 多羅의 경우에는 원래 '下旱岐'로 칭했다가 '二首位'를 바꾸고 있다. 그러면서 다른 소국들에는 '旱岐'가 그대로 칭해지거나 '君'을 칭하고 있음을 알 수 있다. 더군다나 왕이 존재하던 가라와 안라에서는 수위와 한기가 분화되었다. 이러한 사실은 대가야에서 왕 아래에 上首位-二首位 등으로 이어지는 관제가 존재하였음을 짐작케 한다.[35] 이때 수위는 원래 반로국의 수장 아래에 두어진 관제였으나 부체제에 접어들면서 왕 직속의 관제로 재편된 것으로 추정하기도 한다.[36]

앞서 언급한 '우륵 12곡'을 보면 대가야가 部體制에 접어든 이후에도 여러 소국의 국명이 멸망 당시까지 전해졌다. 이는 대가야가 전국을 묶는 어떤 체제를 가지지 못하였음을 말해준다. 그렇지만 이미 살펴본 대로 거창, 함양, 남원 등에서 확인된 고분의 양상은 대가야의 영향 아래에 있었음을 나타내 주고 있으므로, 대가야는 나름대로 이들 지역을 편제하였던 것으로 보인다.

대가야가 부체제 단계에 접어들었을 무렵에는 中央과 地方이라는 구분이 존재하였던 것으로 여겨진다. 이를 살펴볼 수 있는 것이 『日本書紀』에 실려 있는 "加羅 王은 신라의 王女와 혼인하여 드디어 자식을 낳았다. 신라가 처음에 왕녀를 보낼 때 100명을 함께 왕녀의 시종으로 삼았다. (이들을) 받아들여 여러 縣에 나누어 배치하고 신라의 衣冠을 착용토록 하였다"는 기사[37] 가운데 '여러 縣에 나누어 배치(散置諸縣)'하였다는 부분이다. 대가야의 왕이 신라와 결혼 동맹을 맺으면서 같이 온 여종들을

....

35   안라국에서도 旱岐의 분화가 확인되고 왕이 존재하는 것으로 보아, 대가야처럼 부체제 단계에 접어들었을 가능성이 충분히 있다고 보인다. 다만 이를 뒷받침할 수 있는 자료는 확인되지 않고 있다.

36   盧重國(1995, 182-183). 한편 이들 분화된 수위의 모습은 고령 지역 내에 위치한 고분군의 대소와 연결 지을 수 있다고 한다.

37   "加羅王娶新羅王女, 遂有兒息. 新羅初送女時, 幷遣百人, 爲女從, 受而散置諸縣, 令着新羅衣冠"(『日本書紀』卷17, 繼體天皇 23年 3月 是月條).

각지에 흩어 배치하였다는 내용으로, 왕이 지방을 일정 부분 통제할 수 있었음을 보여준다. 이로써 당시에 대가야가 州郡縣制를 실시하였다는 주장에 대해서는 부정적인 시각이 많은데,[38] 주군현제란 이름의 지방 제도는 아니지만 최소한 중앙과 지방이라는 개념이 생겨났던 것은 충분히 상정할 수 있으리라 생각한다.[39] 이와 더불어 『일본서기』 수인천황 2년조에 보이는 郡公, 郡衙, 郡家 등의 표현은 대가야가 복속 지역을 일정한 기준을 두어서 편제하였음을 짐작케 한다. 郡은 그 자체가 아니라 城 혹은 村으로 보는 것이 일반적이다.

한편 여기서의 諸縣이 실질적으로는 '諸國'이었을 것이라는 점은 시사하는 바가 크다. 신라가 소국을 주군현제로 편제하였으며, 당시에 편제된 가야의 소국을 縣으로 표현하였을 가능성이 있다. 이를 달리 본다면 비록 독자성을 온존하고는 있다 하더라도 당시 편제 소국들의 그것이 그만큼 줄어들어 신라인의 입장에서는 하나의 지방 단위로 비추어졌을 것이기 때문이다. 대가야에서 '왕'을 칭하게 되면서 이전 지역 연맹체 단계보다는 훨씬 광범한 지역까지 그 영향을 미쳤고, 이를 원활하게 통치하기 위해서 편입 지역을 일정한 기준에 의하여 편제하였으리란 점은 추측할 수 있다.

그런데 여기서 한 가지 짚고 넘어가야 할 것은 유독 卒麻·斯二岐·散半奚[40]의 장을 B-2에서는 '君'으로 칭하고 있다는 사실이다. 앞의 B-2

---

38 가야 연맹 소속의 소국을 '諸縣'으로 표현한 것이라는 견해(金泰植 1993, 196)와 '諸縣'의 실체는 城(村)으로 縣은 후대의 관념이 투영된 것이라는 견해(盧重國 1995, 184)가 있다.

39 縣과 관련해서 『三國史記』의 가야금 관련 기사에 보이는 우륵의 출생지가 '省熱縣'으로 기록된 것이 주목된다. 성열현은 대개 의령 부림면 일대로 비정되는데, 대가야에서 '주군현제'의 실시는 확인되지 않아 실제 縣의 존재는 알 수 없다. 따라서 이를 후대 신라의 지방 조직에 대한 관념이 뒤덮여 기록되었을 가능성이 언급되고 있는데(李永植 1997, 96), 타당한 견해라고 생각한다. 다만 여기서도 우륵의 출신지에 대한 가야 측의 전승이 신라의 지방 조직과 같이 기록될 수 있었던 것은 당시에 최소한 중앙과 지방의 개념이 존재하였음을 추정할 수 있게 한다.

40 필자는 卒麻를 거창 가조(?), 斯二岐를 합천군 삼가면, 散半奚를 의령군 부림으로 보고 있다 (이형기 2009).

에서는 다른 집단의 장처럼 旱岐를 칭했다가 3년이 지난 시점에서 君으로 명칭이 바뀌게 된 점은 내부에 어떤 변화를 반영한 것으로 생각된다.[41] 3년의 시차밖에 없고, '首位'의 首가 '선두', '상위'를 가리키면서 '君'과 통한다고 할 때[42] 의미를 부여하는 것은 무리가 따르는 추측임은 부인할 수 없다.[43] 하지만 회의 참석 여부가 달리 나타나는 것까지 기록하고 있는 기사에서 수장 칭호의 차이를 그냥 넘길 수만은 없으리라 생각된다. 이러한 차이는 대가야의 지방 지배 방식에서의 변화에서 찾아야 하지 않을까 한다. '君'의 자전적 의미에 '諸侯'라고 하는 내용도 포함되어 있다. 그렇다면 부체제 단계에서 이야기하는 侯國으로 볼 여지도 있다고 생각된다. 旱岐號와 君號를 칭한 국가의 차이는 대가야에 대한 예속성에서 기인할 것으로 추측된다. 이러한 사실은 대가야가 영역 국가를 지향하고 있었음을 보여주는 것이라 할 수 있다.

대가야의 직접 지배에 대한 검토는 이미 이루어져 왔는데(李熙濬 1995, 423-426; 趙榮濟 2001, 39-43), 이러한 움직임이 '君'稱과 어떤 관련이 있을 것이라고 생각한다. 물론 소국의 수장을 한기로 칭할 때 중앙에 의해 일정한 재편 과정을 거쳤다고 보이지만, 君 단계로 접어들었을 때도 이들이 고령으로 이주하였다는 적극적인 증거는 찾아지지 않는다.[44] 오

....

41   백승충(1995) 참조.

42   제2회 '任那復興會議'(사료 B-2)에서는 제1회(사료 B-1) '임나부흥희의'에서는 보이지 않았던 '君'이 등장하는데, '卒麻'와 '散半奚'의 예에서 君은 '旱岐'와 별도의 다른 것은 아니라고 보는 견해도 있다(李鎔賢 1998, 6).

43   '부체제' 하에서 가장 강력한 부의 장은 왕이나 마립간으로 5부나 6부의 長이며, 피복속민인 집단예민과 하위 동맹국이나 종속국인 '侯國'을 포함한 국가의 장이었다고 한다(노태돈 2000, 8). 한편, 신라의 초기 지방 통치 방식은 첫째 의례적인 공납으로 신속을 표하되 완전한 자치 허용하는 경우, 둘째 피복속 지역의 자치는 인정하되 유력 세력은 중앙에 의해 일정하게 재편하는 경우, 셋째 피복속 지역의 유력 세력을 중앙으로 이주시켜 귀족화하고 그 지역을 식읍과 유사한 형태로 지급하는 경우, 넷째 군사 요충지에는 중앙에서 직접 군관 파견 등의 모습을 보인다고 한다(朱甫暾 1998, 43-49). 이러한 지방 통치 방식을 가야에 그대로 적용할 수 있을지는 자신할 수 없지만 '君'으로 표현된 단계는 두 번째와 세 번째의 절충형으로 보아야 하지 않을까 한다.

44   직접지배라 함은 지방관을 파견하는 단계에 접어들었다는 것을 의미하는데, 이러한 수장층의

히려 임나부흥회의에 참가하는 이들의 면면으로 보아 나름대로의 독자성을 당시까지도 유지하고 있음을 확인할 수 있는 것이다. 이는 비록 대가야가 부체제기까지 접어들었고 지방을 일정하게 편제하였다고 하더라도 그 구속력 자체는 그리 강고하지 않았음을 의미한다고 하겠다.[45] 그러나 고구려에서 나부 체제 전체에 미치는 '王法'[46]이 존재하는 사실로 미루어 비록 이를 확인할 수는 없지만 이러한 법 체계가 가야에서도 존재하였을 가능성은 있다.[47] 왕명으로 전 지역에서 시행되는 법과 각 부 안에 자체의 관습법이 존재했음을 시사하는 것이다(金賢淑 1995, 81).

이러한 점들로 미루어 보았을 때 대가야가 부체제로 접어들었을 무렵에는 고령 중심지가 王都[48]＝上部로, 합천댐 상류 지역인 봉산면 일대는 王畿＝下部로 편제되고, 이 두 지역은 대가야의 직할령이었을 것으로 추정된다. 나머지의 합천, 거창, 함양, 동부 남원 일대의 지역은 지방으로 편입된 것으로 여겨진다. 그렇지만 이들에 대한 직접 지배는 이루어지지 않아서 기존 소국의 수장들은 자신의 지역에 대한 독자적인 지배가 가능하였다. 이는 임나부흥회의에 이들이 동원되는 것으로도 확인할 수 있다. 또한 남원의 월산리, 두락리 등에서 출토되는 장경호 등이 재지적인 요소가 포함되어 있다는 사실도 이를 뒷받침해준다.

....

변화와 연관이 있는지는 확언할 수 없다. 이들 지역의 위치 비정이 정확해야 한다는 전제가 있지만 이들 君을 지방관으로 볼 여지는 거의 없다고 해야 할 것이다.

45 이러한 대가야의 지방 지배는 『삼국사기』 지리지의 내용을 통해서도 확인할 수 있으리라 생각된다. 고구려, 백제와는 달리 대가야의 영역권 내에 포함된 지역이라 하더라도 지리지의 내용에 본래의 소속에 대해서 밝혀주지 않는 것이다.

46 "告曰, 吾儕小人, 故犯王法, 不勝愧悔. 願公赦過, 以令自新, 則死無恨矣"(『三國史記』卷14, 高句麗本紀2 大武神王 15年條).

47 『日本書紀』卷17, 繼體天皇 23年 3月條에 보이는 의관제 관련 내용도 이를 방증해준다고 생각된다.

48 '王都'가 一國의 중심지이기는 하지만 그 '國'의 발전 단계에 따라 王都가 지칭하는 대상이나 성격은 달라질 수 있다고 한다(김영심 1998, 109). 大加耶의 '王都'는 古代 國家 段階까지 이르지 못했다는 점에서 삼국 정립기의 고구려, 백제, 신라와는 다를 것으로 생각된다. 대가야의 경우에는 지방관 파견이 확인되지 않고 있어 중앙과 지방이라는 개념이 성립된 이후의 중앙을 상징하는 '왕도'가 아니라 단순한 일국의 중심으로 여겨진다.

IV. 맺음말

가야의 국가적 성격에 대해서는 단일 연맹체론이 가장 먼저 제시되어 국가적 성격으로 규정되다가 그 문제점들이 나타나기 시작하면서 연맹 자체를 부정하거나, 지역 연맹체론, 지역 국가론, 부체제론 등으로 견해가 나뉜다. 정치 발전의 최종 단계는 부체제 또는 초기 고대 국가, 고대 국가까지 나뉘고 있다. 그 가운데에 주목되는 것이 '하부'명 토기였다. 많은 연구자들이 주목하고 있는 이 토기에 새겨진 '하부'명을 통해 대가야는 부체제 단계까지 성장하였음을 확인할 수 있었다. 다만 초기 고대 국가 또는 고대 국가까지 나아갔는지는 앞으로의 논의를 통해 규정되어야 할 것이다. 다양한 성격으로 규정되고 있는 가야 사회를 이해하기 위해서는 고고학 조사 및 연구 성과와 결부지어 융합적인 논의가 진행되어야 할 것이다. 이와 관련하여 그동안의 논의를 어느 정도 정리해야 할 필요성에서 이 글을 작성하였다. 선학들의 질정을 바란다.

최근 가야사에 대한 국민의 관심도가 높아졌다. 2017년 대통령의 가야사에 대한 언급 이후 국립중앙박물관에서는 1991년 이후 28년 만에 가야 관련 특별전이 개최되었고, 국립가야문화재연구소 등에서는 다양한 총서를 발간하였거나 발간을 준비하고 있다. 또한 신진연구자들에 대한 지원 사업도 활발하게 추진되고 있다. 여기에 더해 호남 동부 지역의 가야사 관련 조사 성과가 활발하게 발표되면서 영·호남 통합의 상징으로서 가야사 연구가 자리매김하는 게 아닌가 생각될 정도이다. 거기에 기왕의 문헌 자료를 새로운 방법으로 접근하여 재해석하려는 신진 연구자들의 시도가 향후 가야사 연구의 발전을 견인하기를 기대하면서 글을 맺기로 한다.

참고문헌(발행순)

梁柱東, 1965, 『增訂 古歌研究』, 一潮閣.

釜山大學校博物館, 1985, 「陜川댐 水沒地區 鳳山地域 地表調査報告」, 『陜川댐 水沒地區 地表調査報告書』.

田中俊明, 1987, 「象嵌銘文劒」, 『アサヒグラフ』 3368, 朝日新聞社.

鄭永和·梁道榮·金龍星, 1987, 『陜川苧浦古墳A發掘調査報告』, 嶺南大學校博物館.

李殷昌, 1987, 『陜川苧浦里C·D地區遺蹟』, 曉星女子大學校博物館.

尹容鎭, 1987, 『陜川苧浦里D地區遺蹟』, 慶北大學校考古人類學科.

釜山大學校博物館, 1987, 『陜川苧浦里E地區遺蹟』.

蔡尙植, 1987, 「4號墳 出土 土器의 銘文」, 『陜川苧浦里E地區遺蹟』, 釜山大學校博物館.

朴東百·秋淵植, 1988, 『陜川 苧浦里B古墳群』, 昌原大學 博物館.

金鍾徹, 1988, 「北部地域 加耶文化의 考古學的 考察-高靈·星州·大邱를 중심으로-」, 『韓國古代史研究』 1.

金昌鎬, 1989, 「伽耶 지역에서 발견된 金石文 자료」, 『鄕土史研究』 1.

蔡尙植, 1989, 「陜川 苧浦4號墳출토 土器의 銘文」, 『伽耶』 2.

韓永熙·李相洙, 1990, 「昌寧 校洞 11號墳 出土 有銘圓頭大刀」, 『考古學志』 2.

金昌鎬, 1990, 「韓半島 出土의 有銘龍文環頭大刀」, 『伽倻通信』 19·20.

金泰植, 1990, 「가야의 사회발전단계」, 『한국 고대국가의 형성』, 民音社.

田中俊明, 1990, 「于勒十二曲と大加耶連盟」, 『東洋史研究』 48-4.

白承忠, 1992, 「于勒十二曲의 해석문제」, 『韓國古代史論叢』 3.

李文基, 1992, 「陜川 苧浦里 出土 土器 銘文」, 『譯註 韓國古代金石文』 II(신라1·가야 편), 駕洛國史蹟開發研究院.

朱甫暾, 1992, 「三國時代의 貴族과 身分制」, 『韓國社會發展史論』, 一潮閣.

田中俊明, 1992, 『大加耶聯盟の興亡と「任那」-加耶琴だけが殘った-』, 吉川弘文館.

金泰植, 1993, 『加耶聯盟史』, 一潮閣.

李永植, 1993, 「昌寧 校洞 11號墳 出土 環頭大刀銘」, 『宋甲鎬敎授停年退任紀念論文集』.

盧重國, 1995, 「大伽耶의 政治·社會構造」, 『加耶史研究-대가야의 政治와 文化-』, 慶尙北道.

이희준, 1995, 「토기로 본 大伽耶의 圈域과 그 변천」, 『加耶史研究-대가야의 政治와 文化-』, 慶尙北道.

朱甫暾, 1995, 「加耶史의 새로운 定立을 위하여」, 『加耶史研究-대가야의 政治와 文化-』, 慶尙北道.

金賢淑, 1995, 「高句麗 那部統治體制의 運營과 變化」, 『歷史敎育論集』 20.

南在祐, 1995, 「加耶史에서의 '聯盟'의 의미」, 『昌原史學』 2.

白承忠, 1995, 『加耶의 地域聯盟史 研究』, 釜山大學校 大學院 博士學位論文.

朴天秀, 1996, 「大伽耶의 古代國家 形成」, 『碩晤尹容鎭敎授停年退任紀念論叢』.

朱甫暾, 1996,「韓國古代史 속의 加耶史」,『加耶史의 새로운 이해』(慶尙北道 開道 100周年 기념 가야문화 학술대회 자료집), 한국고대사연구회.

金泰植, 1997,「加耶聯盟의 諸槪念 比較」,『加耶諸國의 王權』, 신서원.

李永植, 1997,「대가야의 영역과 국제관계」,『伽倻文化』10.

김영심, 1998,「百濟의 支配體制 整備와 王都 5部制」,『百濟의 地方統治』, 學硏文化社.

李鎔賢, 1998,「加耶諸國の權力構造」,『國史學』164.

朱甫暾, 1998,『新羅 地方統治體制의 整備過程과 村落』, 신서원.

한국고대사학회 편, 1999,『한국 고대사회의 부와 부체제』(2000,『韓國古代史研究』17).

김태식, 2000,「加耶聯盟體의 部體制 成立與否에 대한 試論」,『韓國古代史研究』17.

백승충, 2000,「가야의 정치구조-'부체제'논의와 관련하여-」,『韓國古代史研究』17.

李炯基, 2000,「大加耶의 聯盟構造에 대한 試論」,『韓國古代史研究』18.

朱甫暾, 2000,「加耶史 認識과 史料問題」,『韓國 古代史와 考古學-鶴山金廷鶴博士頌壽紀念 韓國史學論叢-』.

金昌鎬, 2001,「大伽耶의 金石文 자료」,『伽倻文化』14.

趙榮濟, 2001,「5·6世紀의 大加耶와 倭」,『古墳時代の伽耶と倭-繼體大王時代の日韓交流-』, まつおか越の國傳說實行委員會.

白承玉, 2002,「加羅國과 주변 加耶諸國」,『大加耶와 周邊諸國』, 高靈郡·韓國上古史學會.

李炯基, 2002,「于勒十二曲의 上加羅都와 下加羅都 -大加耶의 地方支配에 관한 試論的 考察-」,『盟主로서의 금관가야와 대가야』(第8回 加耶史學術會議 發表要旨), 김해문화원.

김세기, 2003,『고분 자료로 본 대가야 연구』, 학연문화사.

金泰植, 2003,「初期 古代國家論」,『강좌 한국고대사』2(2014,『사국시대의 가야사연구』, 서경문화사).

백승옥, 2003,『加耶 各國史 硏究』, 혜안.

李熙濬, 2003,「합천댐 수몰지구 고분 자료에 의한 대가야 국가론」,『가야 고고학의 새로운 조명』, 혜안.

대가야박물관, 2004,『大加耶의 遺蹟과 遺物』(도록).

백승충, 2006,「'下部思利利' 명문과 가야의 部」,『역사와 경계』58.

이영호, 2006,「于勒 12曲을 통해본 大加耶의 政治體制」,『악성 우륵의 생애와 대가야의 문화』, 대가야박물관·계명대학교 한국학연구원.

이용현, 2007,『가야제국과 동아시아』, 통천문화사.

김태식, 2009,「대가야의 발전과 우륵 12곡」,『악사 우륵과 의령지역의 가야사』, 홍익대학교 인문과학연구소·우륵문화발전연구회

김태식 편, 2009,「'樂師 于勒과 宜寧地域의 加耶史' 종합토론」,『악사 우륵과 의령지역의 가야사』, 홍익대학교 인문과학연구소·우륵문화발전연구회.

李炯基, 2009,『大加耶의 形成과 發展 硏究』, 景仁文化社.

노중국, 2017,「대가야의 국가발전과정」,『쟁점 대가야사 대가야의 국가발전 단계』, 고령군 대가야박물관·대동문화재연구원.

백승옥, 2017,「가야 '연맹체설'의 비판과 '지역국가론' 제창」,『쟁점 대가야사 대가야의

국가발전 단계』, 고령군 대가야박물관·대동문화재연구원.

李炯基, 2017, 「大加耶의 部體制에 대한 考察」, 『쟁점 대가야사 대가야의 국가발전 단계』, 고령군 대가야박물관·대동문화재연구원.

이영식, 2018, 「가야 諸國의 발전단계와 초기고대국가론」, 『가야사 연구의 현황과 전망』, 주류성.

이현태, 2018, 『가야문화권의 문자자료』, 국립김해박물관.

국립김해박물관·한국역사연구회, 2019, 『문자로 본 가야』(심포지엄 발표자료집).

백진재, 2019, 「5세기말~6세기 중엽 加羅國과 加耶諸國의 관계–分權共同體에 대하여–」, 『가야의 대외관계』(2019년 한국고대사학회 가야사 기획 학술회의 발표자료집), 한국고대사학회.

편집 후기

　가야와 관련한 문헌 기록은 고구려와 백제, 신라에 비하면 그 양이 매우 적다. 고구려가 『留記』와 『新集』, 백제가 『書記』, 신라가 『國史』라는 역사서를 각기 편찬하였던 것과 달리 가야 諸國의 경우 당대에 역사서를 편찬한 흔적은 보이지 않는다. 가야의 문헌 기록이 많지 않은 것은 아마도 이와 무관하지 않으리라 짐작된다. 『三國史記』와 『三國遺事』, 『日本書紀』 등에는 가야와 관련한 사료가 실려 있지만, 신빙성에 대한 논란이 끊임없이 제기되고 있다. 문헌사에서 가야사 연구가 활발하게 이루어지지 않은 것은 이러한 저간의 사정 때문이라 할 수 있다.

　하지만 단편적인 자료라 할지라도 거기에 담긴 내용을 체계적으로 검토하고 사료적 가치를 탐색한다면 가야사의 실체를 밝히는 데 기여할 수 있지 않을까 한다. 그런 점을 염두에 두고 2019년 6월 1일(토) 국립김해박물관은 한국역사연구회와 공동으로 "문자로 본 가야"라는 주제로 학술심포지엄을 개최하였다. 이 학술심포지엄은 가야의 문자 자료를 주제로 개최한 첫 심포지엄이라는 점에서 큰 의미가 있다. 문자 자료는 당대에 작성된 1차 사료이므로 중요한 가치가 있는데, 가야와 관련한 문자 자료의 경우 광개토왕비문을 제외하면 개별 문자 자료에 대한 전론은 손에 꼽을 정도이다. 일부 문자 자료는 과연 가야의 것이 맞는지 여전히 논란이 제기되고 있다.

　학술심포지엄에서는 광개토왕비문에 담긴 가야 관련 기록, 합천 매안리비, '大王'이란 글자가 새겨진 뚜껑 있는 긴목 항아리, '下部思利利'란 글자가 새겨진 짧은목 항아리 등 네 개의 문자 자료를 논의의 대상으로 선정하고, 주제 발표와 지정 토론, 종합토론 등을 진행하였다. 주제 발표는 가급적 해당 문자 자료의 연구 현황을 정리하는 동시에 중요 쟁점 사항에 대해 새로운 대안을 모색하는 데 초점을 맞추었다. 심포지엄 때

발표된 광개토왕비문의 '安羅人戍兵'에 대한 새로운 해석, 합천 매안리비가 대가야의 국가 발전 과정의 산물이라는 주장, '大王'명 유개장경호에 '大王'이란 글자를 左書로 새긴 것은 冥府의 인물을 위해서라는 주장 등이 특히 주목을 받았다. 학술심포지엄 결과 지금까지 가야의 문자 자료에 대한 다양한 연구를 진행되었지만 해결하지 못한 문제가 많으며, 새로운 관점에서 가야와 관련한 문자 자료의 연구가 시도될 필요가 있다는 점에 참석자들이 의견을 같이하였다.

학술심포지엄 때 논의된 결과물을 한데 묶은 것이 바로 이 책이다. 아울러 단행본의 발간을 준비하면서 가야와 관련한 문헌 기록과 문자 자료를 개괄한 「가야, 기록과 문자」라는 총론적 성격의 글을 서두에 추가하여 전체적인 완결성을 기하고자 하였다. 이 책은 가야와 관련한 문자 자료를 종합적으로 다룬 첫 연구 성과물이라는 점에서 가야사의 실체를 밝히는 데 보탬이 될 것으로 믿는다. 다만 여기에 실린 다섯 편의 글 가운데, 일부 내용은 중복될 수도 있고 연구자마다 견해를 달리하는 부분도 있다. 한 권의 책으로 엮으면서 굳이 하나의 일치된 견해로 도출하지 않은 것은 이것이 가야사 연구의 현 단계를 고스란히 보여줄 뿐만 아니라 연구자 사이의 공통점과 차이점이 무엇인지를 정확하게 드러내는 것이 향후 진전된 연구 성과가 나오는 데 도움이 되겠다고 판단하였기 때문이다. 이 책의 발간이 가야 관련 문자 자료는 물론이고 문헌 기록의 중요성을 다시금 인식하고 사료적 가치를 재음미하는 계기가 되었으면 한다.
(이현태)